Basiswissen

Politik / Geschichte / Ökonomie

AF634347

Peter Schadt

Digitalisierung

PapyRossa Verlag

Eine Übersicht aller Titel der PapyRossa-Reihe
Basiswissen Politik / Geschichte / Ökonomie
finden Sie unter shop.papyrossa.de/basiswissen

© 2022 by PapyRossa Verlags GmbH & Co. KG, Köln
Luxemburger Str. 202, D-50937 Köln
Tel.: +49 (0) 221 – 44 85 45
Fax: +49 (0) 221 – 44 43 05
E-Mail: mail@papyrossa.de
Internet: www.papyrossa.de

Alle Rechte vorbehalten

Druck: Interpress

Die Deutsche Bibliothek verzeichnet diese Publikation in der Deutschen Nationalbibliografie; detaillierte bibliografische Daten sind im Internet über http://dnb.ddb.de abrufbar

ISBN 978-3-89438-783-9

Inhalt

Der erste Schluss daraus ist, dass sich die widersprüchlichen »Visionen« nicht aus einem Mangel an Fakten erklären. Vielmehr sind sich die verschiedenen Lager höchst uneins darüber, wie diese zu interpretieren sind. Ganz unbeeindruckt von Forschungsergebnissen, denen zufolge die Arbeit ziemlich entschlossen verdichtet und verbilligt wird, soll gleichzeitig die Möglichkeit bestehen, dass alles ganz anders gemacht werden *könnte*. Es wird darauf bestanden, dass *die Technik* ja wohl beides könne: die Arbeit für alle reduzieren oder aber auch einige immer mehr arbeiten lassen und andere zugleich arbeitslos zurücklassen; das Arbeitsvolumen insgesamt verringern oder Beschäftigte auf stumpfeste Tätigkeiten reduzieren, die diese jederzeit und möglichst lange durchführen müssen, etc. pp. »Die Digitalisierung« wird bei der Debatte um die »Chancen und Risiken« also gerne getrennt von den tatsächlich stattfindenden Prozessen der Rationalisierung in den Fabriken und Büros und stattdessen als »Potenzial« besprochen.

Hartmut Hirsch-Kreinsen, als einer der führenden Soziologen zum Thema, hat mit seinem Ansatz der »Industrie 4.0 als sozio-technisches System« dafür die Formulierung, »dass die Entwicklung, die Diffusion und Implementation neuer Technologien alles andere als bruchlos und widerspruchsfrei verlaufen« und dass deshalb »die sozialen Effekte kaum eindeutig ableitbar sind.« Überhaupt seien die »Konsequenzen für [die] Arbeit« von sehr vielen verschiedenen Faktoren abhängig [vgl. Hirsch-Kreinsen 2015: 13]. Weil man Technik für verschiedene Zwecke einsetzen *könnte*, seien ihre »sozialen Effekte kaum eindeutig ableitbar«. Mehr als »Chancen und Risiken« zu bestimmen, sei nicht möglich.

Einerseits mag man die Techniken *als Mittel* für verschiedene *Zwecke* einsetzen können: Der Fantasie sind bekanntlich keine Grenzen gesetzt, und so kann man sich alles Mögliche an (un-)freundlichen Folgen der *digitalen Revolution* für Mensch und Planet vorstellen. Andererseits zeigen sich nicht nur die Unternehmer, sondern auch die Politiker reichlich unbeeindruckt von den Schwierigkeiten der Soziologen, die Folgen der Digitalisierung »*eindeutig*« zu bestimmen. Unbeirrt durch die Möglichkeit, sich etwas zu *imaginieren*, legen diese die Zwecke der neuen Technik einfach fest. Für die ehemalige Bundeskanzlerin ist klar, dass »die revolutionären Veränderungen der Digitalisierung« von »größter Bedeutung für uns« sind, »weil das über die Wettbewerbsfähigkeit und die wirtschaftliche Kraft der Europäischen Union entscheiden wird« [Merkel 2020]. Auch die Ampel-Koalition weiß sich diesem Ziel verpflichtet und will die Technik einsetzten, um die »Zukunftsfähigkeit und [den] Wohlstand unseres Landes« [Koalitionsvertrag 2021: 15] zu sichern. Es ist nicht zufällig so, dass Faktenbeschreibung und Willensbekundung oft kaum zu unterscheiden sind, weil beim Personal der entscheidenden Machtpositionen dieser Gesellschaft beides zusammenfällt.

Die Digitalisierung ist also erstens unumgänglich, weil »von größter Bedeutung« für »uns«. Dabei kommt es auf den technischen *Vorsprung* an, den die EU braucht, aber (noch) nicht hat. Ganz unbeeindruckt von den Zweifeln der Soziologen, ob sich »soziale Effekte« aus der Technik ableiten lassen, setzt auch die Ampel-Regierung die *Notwendigkeiten*, was die Digitalisierung schon unter Merkel zu leisten hatte: »Europa«, sprich: die EU, voranzubringen: »Da müssen wir besser werden oder dürfen zumindest nicht weiter zurückfallen, denn die Entwicklung in vielen Teilen der Welt ist sehr dynamisch. […] Europa muss über die wesentlichen technologischen Fähigkeiten verfügen und dafür auch die Mechanismen entwickeln, wenn wir solche Fähigkeiten im

Augenblick in bestimmten Bereichen nicht haben. […] Damit kommt auch das Thema der Souveränität ins Spiel. […] Dort, wo wir abgeschlagen oder zurückgefallen sind, müssen wir unsere Kräfte bündeln, um darauf die richtigen Antworten zu finden. […] Wir müssen schneller werden. Aber das liegt ja in unserer eigenen Hand« [Merkel 2020].

Dass Techniknutzung als Gegenstand der internationalen Konkurrenz zwischen Unternehmen zur Steigerung des Profits Gewinner und Verlierer kennt, das ist folglich schon unterschrieben und verbrieft, bevor der erste Chip entwickelt wurde. Was die Digitalisierung also zu leisten hat, ist ökonomisch bestimmt und politisch festgelegt: Ökonomisch geht es um den Erfolg in der *Konkurrenz* der Unternehmen, politisch um die *digitale Souveränität* der EU. Damit ist dann das Nadelöhr in der Welt, durch das jede neue Technik zu gehen hat: Digitale und analoge Mittel haben Unternehmertum und Standort, sprich *uns*, einen Vorteil zu schaffen.

Dieses »*wir*« schließt dabei diejenigen, die die Digitalisierung ins Werk setzen, um bezahlte Arbeit überflüssig zu machen, und diejenigen, die da überflüssig gemacht werden, als Kollektiv zusammen. Dass »*unser*« Wirtschaftswachstum gerade dadurch vorangetrieben wird, dass die Arbeit der einen überflüssig und die der anderen verdichtet wird, deutet auf die Widersprüche in dieser ersten Person Plural. Das *Risiko*, morgen keinen Job mehr zu haben oder *dequalifiziert* zu werden, ist für die anderen die *Chance*, sich mit ihrem digital erneuerten Unternehmen und gesteigerter Produktivität in der Konkurrenz durchzusetzen. Dass also »Chancen ergriffen und Risiken vermieden« werden sollen, entpuppt sich als Nebelkerze, wenn die Chance des Eigentümers auf Extraprofit das Risiko der Lohnabhängigen ist, gar nicht mehr gebraucht zu werden.

Wo von »der Digitalisierung« gesprochen wird, die »uns« zu etwas »zwinge« oder »nötige«, soll der Prozess *gleichzeitig* Prozess*stifter* sein. So verschwinden mit den *Akteuren* der Digitalisierung auch ihre ökonomischen Interessen. Es ist eben nicht die digitale Technik, die Beschäftigte entlässt oder Tarifverträge aufkündigt – es ist eben nicht »die Digitalisierung«, die »unsere« Arbeitsplätze »bedroht«, sondern umgekehrt: Die digitale Technik wird von der Kapitalseite als Mittel verwendet, um bezahlte Arbeit billiger oder möglichst überflüssig zu machen. Von daher ist das »Scheinsubjekt Digitalisierung« zu kritisieren, das selber gar nichts tut, sondern Gegenstand des Tuns ist [vgl. Schadt 2021: 151].

Wenn schon »der Technik« so schwer zu entlocken ist, was sie für Konsequenzen haben wird, hilft also der Blick auf die politökonomischen *Notwendigkeiten* und ihre *Widersprüche*, um den tatsächlichen Folgen der Digitalisierung auf die Spur zu kommen. Die andernorts vielfach im Mittelpunkt stehenden Fragen (Vorratsdatenspeicherung, Handyortung, Staatstrojaner, Überwachung von Mail- und Datenverkehr, Client-Side-Scanning u. v. m.), werden hier nur kursorisch behandelt. Dargestellt werden die *ökonomischen Interessen* des Kapitals (2.), um daraufhin auf *politische Beweggründe* einzugehen (3.). Anschließend an diese Notwendigkeiten folgt die Darstellung der »kaum eindeutig ableitbaren« *Konsequenzen für die Arbeit* (4.). Den Abschluss des Bands bildet die *Kritik einiger Ideologien* über »die Digitalisierung« (5.), zu der auch die ständige Verwendung der Digitalisierung als Scheinsubjekt gehört.

2.
Wessen Digitalisierung zu wessen Nutzen?

»Für die Deutung des aktuellen Technologieschubs ergibt sich daraus die Notwendigkeit, den Technikeinsatz im Rahmen der Strategien des Kapitals zu verstehen«.
[Butollo/Nuss 2019: 13]

Die verschiedenen Techniken,[1] die mal mehr, mal weniger neu sind und alle im Zuge der »vierten industriellen Revolution« genannt werden, wurden von Unternehmerseite entwickelt und eingesetzt. Die ökonomische Zwecksetzung ist ihnen daher von Beginn an eingeschrieben. Die Darstellung beginnt deshalb mit der Behandlung der Techniken *zur Digitalisierung* (2.1). Daraufhin geht es um den Kern der Digitalisierung: *die Vernetzung von Produktion und Zirkulation* (2.2). Weiter wird der Blick auf die *Veränderungen in den Produkten* (2.3) gerichtet. Die beiden abschließenden Kapitel widmen sich der *Konkurrenz der Kapitalisten untereinander*, sowohl der Konkurrenz um den *Standard* (2.4) für die neuen digitalen Netzwerke wie auch allgemein jener zwischen *industriellen und IT-Konzernen* (2.5).

---

1 In der Literatur ist auch oft von »Technologie« die Rede. Doch es ist der Begriff Technik, der die Maschinen, Geräte und Apparate der Digitalisierung umfasst. »Technologie« beschreibt dagegen die Wissenschaft über und von der Technik.

2.1 Die Digitalisierung der Produktion

In der Sphäre der Produktion wird die Digitalisierung vorangetrieben durch eine umfassende Vernetzung des ganzen Produktionsprozesses. Wo einst einzelne Maschinen standen und längst Produktions*ketten* und Maschinen*parks* die Industrie prägen, soll nun der nächste Schritt folgen: Nicht mehr vereinzelte Verbindungen von Maschinen, sondern die grundsätzliche und vor allem *ausnahmslose* Vernetzung aller Maschinen, Lager und Roboter zur »smarten Fabrik«. Jeder Teil der Industrieanlagen soll jederzeit mit jedem anderen Teil in Verbindung stehen, so dass Informationen nahtlos übertragen werden können. Die Basis für diese Technik ist das Internet. Damit dieses möglichst umfassend angewandt werden kann, braucht es weitere technische Grundlagen, so die …

… **RFID-Chips** | Die *»Radio-Frequency Identification«* (RFID), auf Deutsch: die *Identifizierung mit Hilfe elektromagnetischer Wellen*, wird eingesetzt als digitale Kennzeichnung zur Identifikation einzelner Produkte wie der Produktionsmittel. Es gibt dabei sowohl passive RFID-Chips als auch solche mit einer eigenen Energiequelle, die selbst Rechenoperationen durchführen können. Mit dieser Schlüsseltechnik der Digitalisierung werden bisher nicht-digitale Waren, vom Joghurtbecher über Textilien bis hin zu Autoteilen, in das »Internet der Dinge« eingebunden. Damit soll eben jene allumfassende Vernetzung ermöglicht werden, die sowohl Produkte wie auch die Produktion umfasst.

Entsprechend vielfältig sind ihre Anwendungsbereiche. Von der Containerlogistik, in der die RFID-Technik bereits seit den 1980er Jahren flächendeckend eingesetzt wird und so die digitale Auslese der transportierten Güter an jedem Hafen möglich macht, über den Reisepass, in dem seit November

2005 nach dem gleichen Prinzip die Daten jedes Reisenden digital zugänglich sind, bis hin zu Produktionshallen, in denen sie auch als Schlüsselanhänger verwendet werden, um dem Personal den Zugang zu bestimmten Arealen zu ermöglichen bzw. diesen einzuschränken. Im Dienstleistungssektor wird diese Funktion für Kunden verwendet, so in Skilifts oder in der staatlichen Kontrolle in Form der Maut. In der Produktion selbst werden damit Waren ausgerüstet, um ihren Standort und ihren Bearbeitungsstand festzuhalten. Die Chips sollen wiederum später im Supermarkt benutzt werden, um die klassische Kasse weitgehend einzusparen [vgl. Koprek 2018]. Die RFID-Chips werden also auch außerhalb der Produktion verwendet, innerhalb dieser sind sie bereits seit Jahrzehnten zu finden. Heute bilden die RFID-Chips die Grundlage für …

… Cyber-Physische Systeme (CPS) als digitale Netzwerke der Produktion. Hier handelt es sich um die Verknüpfung von Objekten, die mit RFID-Chips aus- bzw. nachgerüstet wurden und so in informationsverarbeitende Prozesse integriert werden können, mit jenen Maschinen, die von sich aus bereits digitale Technik enthalten bzw. sind. Bei CPS handelt es sich also um die Verknüpfung von Produkten mit Produktionsmitteln, so zum Beispiel in der Autoindustrie. Jedes Auto, das sich in der Produktionsstraße befindet, empfängt und sendet Informationen, so dass die vorbestellten Wagen während ihrer Fertigung dem Maschinenpark direkt die Kundenwünsche mitteilen: Im CPS meldet der Wagen, welcher Lack aufgetragen werden soll und welche Felgen vom Kunden gewünscht sind. Diese Informationen wurden zu Beginn der Herstellung im Rohprodukt abgespeichert. Aber auch die Produktionsmittel selbst kommunizieren miteinander, so dass zur Neige gehende Lackfarbe in Sprührobotern sofort an die entsprechende Stelle gemeldet wird und ohne menschliche Überprüfung nachgefüllt werden kann.

Die Unternehmen versprechen sich von dieser Verallgemeinerung der Vernetzung, die notwendige bezahlte Arbeit in der Produktion zu verringern. Der Fortschritt bei dieser Technik besteht für das Unternehmen darin, dass die Produktionskosten verringert werden. So sparen sich die Unternehmen die Lohnkosten für allerlei Beschäftigte, die früher die Arbeitsprozesse zwischen verschiedenen analogen, also noch nicht miteinander vernetzten Maschinen zu erledigen hatten.

Erfüllen die CPS diesen Zweck der *Reduktion* bezahlter Arbeit, ist die Folge für die verbleibende Belegschaft umgekehrt: Die ist jetzt, in der gleichen Zeit für eine höhere Produktivität verantwortlich, muss also *mehr* Waren in einer Stunde herstellen und hat einen *größeren* Maschinenpark zu überwachen. Die Steigerung der Produktivität des Unternehmens besteht unter den gegebenen Produktionsbedingungen aus dem immer weiter zu verbessernden Verhältnis von investiertem Kapital zu Ertrag. Umgekehrt heißt das für den Beschäftigten in der »vernetzten Produktion«, dass sein Lohn im Verhältnis zur Zahl der von ihm hergestellten Waren immer weiter sinkt. Anders ausgedrückt, ist die Steigerung der kapitalistischen Produktivität die Senkung der Lohnstückkosten. Aus Sicht des Beschäftigten ist diese Sorte Produktivität eine Zumutung: Der stellt jetzt in der gleichen Zeit *mehr* her. Bei gleicher Bezahlung handelt es sich für ihn um eine *Senkung* der Arbeitsproduktivität: Er muss jetzt *mehr* herstellen, um auf den gleichen Lohn zu kommen.[2]

---

2 Ob und inwiefern das die Arbeit reduziert, erweitert oder sonst verändert wird, hängt davon ab, inwiefern es für diesen ökonomischen Zweck taugt: Das meint Marx, wenn er die Arbeit als variables Kapital benennt.

Cyber-Physische Produktionssysteme (CPPS) | Werden verschiedene CPS zusammengeschaltet, spricht man von »*Cyber-Physischen Produktionssystemen*« (CPPS), mit denen lauter nützliche Dinge hergestellt werden können, und das ohne menschliche Zwischenschaltung. Die Idee ist, den »Faktor Mensch« so weit zu reduzieren, dass verschiedene Netzwerke von Maschinen zu einer »smarten Fabrik« zusammengeschlossen werden. So kann mit immer weniger Arbeit ein immer größerer Reichtum an Waren hergestellt werden, allerdings nur dazu, *durch ihren Verkauf einen Überschuss an Geld* zu erzielen. Da für diesen Zweck Technik eingesetzt und optimiert wird, ist in dem Zusammenhang auch von »*Rationalisierung*« die Rede. Der Zweck dieser Operation – Einsparung von bezahlter Arbeit samt Entlassungen, um durch Produktivitätsvorsprung den Herstellungspreis der Produkte zu senken und so mit der Unterbietung der Verkaufspreise auch bei der *Konkurrenz* um Marktanteile zu gewinnen (»Marktbereinigung«) –, gilt dann vielfach als grund*vernünftig.* Tatsächlich werden damit Kapitalinteressen zu Lasten der Beschäftigten durchgesetzt. Insofern ist der Begriff der Rationalisierung beides: Einerseits sehr unpassend, weil die Beschäftigten mit diesem beschönigenden Argument entlassen werden oder ihre Arbeit verdichtet wird. Andererseits auch sehr passend, weil es zur hier gültig gemachten Sorte Rationalität passt. Die »menschenleere Fabrik« ist dabei das *Ideal* dieser Art »Vernunft«, an dem sich orientiert wird, indem …

… Roboter bezahlte Arbeit in der unmittelbaren Produktion überflüssig machen. Was die reale Entwicklung anbelangt, so hat es in den letzten Jahren vor allem bei der »*Roboter-Mensch-Kooperation*« Entwicklungen gegeben. Mussten bisher die schweren Geräte in abgeschirmten Bereichen abgestellt werden, so gibt es heute immer mehr Roboter, die Seite an Seite mit den Arbeitern produzieren können. Hier gibt es entscheidende Fortschritte in der Herstellung von Klein- und Kleinstrobotern, die auch ohne Informatikkenntnisse »programmiert« werden können: Arbeiter führen Handbewegungen aus, die von den Robotern kopiert, also »erlernt« werden können. Damit sind diese ohne weitere Einrichtung flexibel an verschiedenen Stellen in der Produktion einsetzbar.

Damit Roboter anstelle von Beschäftigten eingesetzt werden, muss sich das für den Unternehmer lohnen. Einerseits heißt das, dass gerade dort, wo die Arbeit besonders schwer und schlecht bezahlt ist, sich der Einsatz von Robotern am wenigsten lohnt. Ist der Mitarbeiter selbst »billiger«, wäre sein Ersatz durch eine Maschine ökonomischer Unsinn. Die Konsequenz dieser Sorte kapitalistischer Rationalität besteht also darin, dass gerade jene Berufe, die besonders dreckig, ungesund und schlecht bezahlt sind, *nicht* durch technische Errungenschaften ersetzt werden. Das heißt nicht, dass jeder schlecht bezahlte Job sicher ist: Umgekehrt sieht man der Arbeitsorganisation so manchen Berufs an, dass er darauf ausgelegt ist, bald durch eine Maschine ersetzt zu werden – zumindest sofern die Lohnkosten steigen oder die Preise für die Roboter weiter fallen sollten. Beispielhaft dafür ist der Logistiker, der in den Lagern großer Versandhäuser längst zum »Picker« geworden ist. Mit GPS-Gerät am Arm wird er mit der kürzesten Route durch das Lager navigiert, sein Vorgesetzter erhält eine Meldung, wenn er sich unerlaubt von der Route entfernt. Jenseits der unmittelbaren Produktion und Logistik verspricht sich das Management einiges von …

... Algorithmen, die gerne als »Künstliche Intelligenz« bezeichnet werden. Das hat seinen Gehalt weniger in der Gedankenleistung der »smarten Maschinen«, sondern vielmehr in ihrer Anwendung, jenen Teil der bezahlten Arbeit in der Produktion überflüssig zu machen, der bisher eher als Kopfarbeit galt: »Bislang war ein Mitarbeiter dafür zuständig, fehlerhafte Teile zu erkennen und auszusortieren, so dass keine defekten Teile den Kunden erreichen. Diese visuelle Inspektion sollte zukünftig durch eine ML-Anwendung [maschinelles Lernen] erledigt werden« [Buxmann 2021 in FAZ 2021c].

Hier erhofft man sich von den Algorithmen, auch Entscheidungs- und Kontrollfunktionen zu ersetzen und so auch Stellen in gehobenen Gehaltsklassen abzubauen, die bisher als weniger anfällig für »Rationalisierungen« galten, so die Personalabteilung in Unternehmen. Roboter wie Algorithmen sorgen so neben der Einsparung an Lohnkosten auch noch gleich für die immer weitergehende Reduktion des »Faktors Mensch«, was auch die Produktionszeit verkürzt. Das ist für den Unternehmenszweck nur folgerichtig: Für Menschen nötige, aber für die Verwertung des eingesetzten Kapitals schädliche Unterbrechungen in der Produktion werden reduziert, weil jede Minute, in der der Maschinenpark nicht läuft, eine ist, in der das investierte Kapital seinen Zweck verfehlt, nämlich geldwerten Überschuss zu produzieren. So wird die Arbeit beschleunigt und die kumulierte Pausenzeit reduziert – mit entsprechender Wirkung für die Beschäftigten, deren Arbeit so einmal mehr *verdichtet* wird.

2.2 Die Vernetzung mit der Zirkulation

In den CPS und CPPS steckt bereits ein Potenzial, das ihre Nutzung weit jenseits der Produktion ermöglicht. Denn durch diese Sorte Vernetzung kann nicht nur innerhalb des

Betriebs ein Netzwerk aus Maschinen entstehen, sondern auch über den Grenzen des jeweiligen Unternehmens hinaus wird »Maschine-zu-Maschine-Kommunikation« (M2M) möglich; das eröffnet neben Rationalisierungspotenzialen auch gleich ganz neue Geschäftsfelder. Die jeweiligen Cyber-Physischen Produktionssysteme *in* den Betrieben bilden also nur die Grundlage für ein noch größeres Netzwerk, dass gerne als …

… Internet der Dinge bezeichnet wird. Das »*Internet of Things*« verbindet Autohersteller und Zulieferindustrie, Händler und Kunden, Werbeplattformen und Banken. Diese sollen via Datenaustausch die Bestellungen und Bezahlungen entscheidend verkürzen. Überhaupt sollen die Zirkulationsakte zwischen Unternehmen beschleunigt werden: Der Ein- und Verkauf von Rohstoffen, Zwischenprodukten, Ersatzteilen und Dienstleistungen soll automatisiert und damit effektiver werden. Nicht nur in der *Produktions-*, sondern auch in der *Zirkulationssphäre* sind die Beschleunigung des Prozesses und die Befreiung des Kapitals von diversen Lohnkosten das Ziel.

Digitalisierung ermöglicht damit »flachere Hierarchien«. Gemeint ist damit, dass eine ganze Ebene der Verwaltung *digitalisiert,* also möglichst abgeschafft wird. Euphemistisch wird so die Entlassung von Personal, das Kontrollfunktionen über die Produktion ausübt, als neueste Hinwendung zum arbeitenden Subjekt gepriesen, das den Arbeitsprozess selbstverantwortlich überwacht, ohne der dauernden Kontrolle von Aufsehern unterworfen zu sein.

Einerseits kommt noch die Einsparung an Lagerkosten hinzu, indem die »Just in time«-Produktion damit noch einmal entschieden vorangebracht wird: Via Sensoren sollen sich Maschinen ständig selbst überwachen, Ersatzteile und sonstiges Material direkt selbst anfordern, um so Lagerkapazitäten einzusparen. Andererseits haben Friktionen in den globalen Wertschöpfungsketten etwa infolge von Corona oder des Ukraine-Kriegs auch Zweifel an den Segnungen einer auf permanente Lieferungen abhängigen Produktion lauter werden lassen. Weil die Rückkehr von »globalisierten Supply Chains« zum Produktionsstandort Deutschland allgemein als »wenig realistisch« [Schulz 2022] gilt, bietet auch hier die digitale Technik die Flucht nach vorne an. Entsprechend soll die weltweite Produktion ergänzt werden mit einer schlanken, möglichst volldigitalisierten Lager-Automatisierung. So soll die Produktion auch bei krisenbedingten Unterbrechungen weitergehen, ohne auf alte Lagerhallen oder nationale Produktionsprozesse zurückzufallen.

Damit aber nicht genug, ergeben sich auch neue Potenziale, die Herstellungsprozesse – noch mehr als bisher – zu flexibilisieren. Die Umstellung auf neue Produkte soll die Produktion möglichst nicht mehr beeinträchtigen. Auch hier ist die Etablierung des »Internets der Dinge« nicht mit der »menschenleeren Fabrik« zu verwechseln: Dort, wo das Personal entsprechend verbilligt, also sein Lohn gesenkt worden ist, bzw. umgekehrt die Vernetzung teurer ist als die Personalkosten, leistet sich das Unternehmen auch Einkäufer, Logistikerinnen und Verkäuferinnen. Ob menschlich oder maschinell, das Idealbild ist dabei die …

… Losgröße Eins. Dies benennt nicht weniger als eine derart flexible Produktionsstraße, dass jedes einzelne Produkt am Ende ein Unikat darstellt, welches genau nach Kundenwünschen produziert wird. Diese Wünsche sollen möglichst unmittelbar von der *smarten Fabrik* umgesetzt werden, was unter anderem durch 3-D-Drucker realisiert wird: »In den vergangenen zehn Jahren hat sich die additive Fertigung aus der Nische heraus bewegt«, sagt Christian Thönes, Vorstandsvorsitzender von DMG Mori aus Bielefeld auf *faz.net*: »Auch er erinnert an die komplexen Geometrien […], die mithilfe von 3-D-Druck möglich seien. Und das von Losgröße 1 an. Individueller geht industrielle Produktion kaum. Die Qualität und Produktivität sei ohnehin schon deutlich gewachsen.« Und natürlich dürfen die Synergieeffekte mit anderen Techniken der Digitalisierung nicht fehlen: »Die Anbindung der Technologie an das Internet der Dinge und der Einsatz Künstlicher Intelligenz werden den 3-D-Druck noch wirtschaftlicher machen.« [U. Marx, in FAZ 2020a].

Obwohl es sich dabei um eine neue Flexibilisierung der Produktion handelt, wird diese digitale Technik hier bei der Zirkulation aufgeführt. Denn einerseits versprechen sich die Unternehmen davon einen Konkurrenzvorteil im Kampf um Marktanteile. Andererseits aber ist der entscheidende Vorteil eines Produktes, das nach individuellen Kundenwünschen hergestellt wurde, in der Zirkulationssphäre zu suchen. Denn vom individualisierten *MyMuesli* bis zur persönlich modifizierten S-Klasse von *Mercedes* bedeutet ein Produkt, das vom Kunden selbst zusammengestellt wurde, mehr als nur ein Marktvorteil: Es ist vor allem anderen eine Ware, die bereits vor der Produktion *verkauft* ist. Das macht nicht nur Vorratsbildung überflüssig, sondern schaltet gleich noch die Zwischenhändler aus. Zudem reduziert es die Verkaufszeit der Waren auf null: Die *Zirkulationszeit des Kapitals* wird damit so weit verkürzt, dass sie die *Produktionszeit* unterschreitet: Das Produkt ist verkauft, bevor es produziert ist, der Gewinn ist damit realisiert, bevor das Produkt erzeugt ist, das Kapital kann also reinvestiert werden, bevor die Ware überhaupt hergestellt ist.

Nicht nur, aber auch durch diese Individualisierung der Produktion, entstehen, ganz nebenbei, Unmengen an Daten die zusammengenommen gleich das nächste Geschäftsfeld ergeben, nämlich …

… Big Data. Unter diesem Stichwort versteht man die Sammlung, Auswertung und gezielte Nutzung großer Datenbestände. Dass eine Datengrundlage vorliegt, die so enorm ist, dass sie via »Datamining«-Techniken entwickelt werden müssen, um diese nutzbar zu machen, ist in erster Linie ein Abfallprodukt derjenigen Techniken, die zuvor vorgestellt wurden, allen voran der CPS. Die totale Vernetzung erzeugt Unmengen an Daten, welche nun wiederum selbst zur Grundlage eines neuen Geschäfts werden. Mittels sogenannter »Big Data Analytics« gewonnene Informationen werden sich – so die einhellige Einschätzung der Eigentümer – zunehmend zu einer bedeutenden »Unternehmensressource« entwickeln. Zwar ist man sich nicht einig darüber, wie bedeutend diese Datensammlung in Zukunft wird, allerdings findet sich in der Redewendung von Big Data als dem »Öl des 21. Jahrhunderts« ein Hinweis auf das Potenzial, das schon heute ausgiebig genutzt wird.

Facebook | Facebook bzw. die Dachgesellschaft meta ist nur eines der Unternehmen, das ihr Geschäftsmodell auf der Produktion und Verwertung dieses »new oil« gegründet hat. Zwar verstehen sich die Nutzer von »social media« selbst als Subjekte ihrer Kommunikation auf der Plattform von Mark Zuckerberg, tatsächlich verhält es sich aber umgekehrt. Das Hochladen von Bildern, Videos und Texten macht sie zu *An-*

hängseln von Unternehmen, um durch personalisierte Reklame ihre Waren loszuwerden. Mag man sich individuell für die Nutzung von Facebook entscheiden, weil man Urlaubsfotos teilen will oder weil man damit berufliche Zwecke verfolgt: Das eigene Interesse an und bei der Nutzung der Plattform ist nur das Mittel der Unternehmen, *ihre* Verkaufsinteressen über diese Plattformen durchzusetzen.

Facebook bedient dieses Interesse der Unternehmen, indem es den Nutzern das Netzwerk kostenlos zur Kommunikation anbietet und diese Kommunikation dann sowohl auswertet als auch direkt mit Werbung versieht. So bereichert sich das Unternehmen aus dem Werbeetat der produzierenden Konzerne. Zusammen mit Twitter, Instagram und ein paar anderen hat sich der Markt für diese Sorte digitaler Werbung inzwischen stark konzentriert und damit monopolisiert. Damit sichern sich Facebook und Co. ihren Anteil an der Gewinnmarge von Warenhändlern und -produzenten aus aller Welt. Zum Teil sind sie – wie gleich gezeigt wird – selbst zu Handelskapitalisten geworden.

Das Geschäftsmodell von *Google* basiert ebenfalls auf Big Data, präsentiert sich allerdings als weltweite Übersicht über die »ungeheure Warensammlung« [K. Marx, Das Kapital I, MEW 23, S. 49], die den Kapitalismus ausmacht, und verknüpft so Kundenwünsche mit dem entsprechenden Produkt. Das Unternehmen ermöglicht es Nutzern, via Stichwortsuche im digitalen Raum zielsicher und schnell das zu finden, was sie suchen. Dabei ist das Geschäftsmodell einerseits das gleiche wie bei Facebook: Ansammlung und Auswertung der anfallenden Millionen von Daten. Hinzu kommt Werbung und die Möglichkeit von anderen Unternehmen, sich für einen gewissen Betrag bei der Stichwortsuche unter den ersten »Treffern« wiederzufinden.

Amazon und *Ali Baba* im asiatischen Raum geben sich »nur« mit Big Data nicht zufrieden. Sie belegen gleich die ganze Zirkulationssphäre des Kapitals und nehmen sich auch des logistischen Teils der Verwandlung von Ware zu Geld an. Sie verkaufen und versenden Waren auf Grundlage ihrer Algorithmen und Datenauswertungen. So hat es die Welt der Einzelhändler grundlegend geändert und das Zeitalter des sogenannten …

… Plattform-Kapitalismus eingeläutet. Darunter ist nicht *die eine* spezielle Technik zu verstehen, sondern die Ausweitung des »Prinzips Amazon« auf alle möglichen Dienstleistungen und deren Vermittlung. *Airbnb* etwa bietet die Möglichkeit, Wohnungen an zahlende Kundschaft zu vermitteln und wirft dabei – wie alle anderen – Daten ab über Nutzungsverhalten, besonders gefragte Ecken in den Metropolen der Welt etc. pp. Auf anderen Plattformen können Handwerker ihre Dienste anbieten und dergleichen mehr. Alles in allem läuft es immer darauf hinaus: Dadurch, dass der Zirkulationsakt von der Ware hin zum Geld, also der *Verkauf* über die Plattformen, organisiert wird, entwickeln diese eine immense Macht – denn als »Gatekeeper« stehen sie zwischen dem Produkt, der angebotenen Dienstleistung und dem Kunden. Ohne Präsenz auf Facebook oder Instagram, ohne dass die eigenen Waren auf Amazon angeboten werden, sind viele Unternehmen immer weniger wahrnehmbar. So spielen die »digital Players« in vielen Branchen altgediente Handelskapitalisten an die Wand – und mit ihnen die Einkommensquellen deren Angestellter.

Ein Beispiel aus der jüngeren Geschichte ist ein Berliner Start-up, das sich vorgenommen hat, Dienstleistungen der Autohändler zu *digitalisieren,* und damit deren Geschäftsmodell zerstört. Auf *faz.net* wird lakonisch festgestellt: »Lebensmittel, Klamotten, Schreibtischstühle: Die Deutschen lassen sich heutzutage fast alles nach Hause liefern. Warum nicht auch Autos? Das wäre doch fast folgerichtig. Selbstredend mit Umtausch- und Geld-zurück-Garantie.« Das Start-up mit dem Namen Auto1 kauft seit ein paar Jahren Gebrauchtwagen bei Privatleuten über eine Plattform und verkauft diese bisher an Autohändler weiter. Das soll sich jetzt ändern: »Und jetzt soll die nächste Stufe gezündet werden: der Weiterverkauf der Gebrauchtwagen an Privatleute.« Wenig überraschend sehen die Geschäftsleute von Auto1 ein riesiges Potenzial: »Der Gebrauchtwagenmarkt in Deutschland hat ein Volumen von 90 Milliarden Euro im Jahr, in Europa sind es umgerechnet 600 Milliarden Euro. Auto1 kommt als Marktführer auf nicht einmal 1 Prozent Umsatzanteil. Der Markt ist wie überall auf der Welt fragmentiert. Gebrauchtwagenhändler gibt es an jeder Ecke. ›Wir sind überzeugt, dass man mit einer bekannten Online-Marke den Marktanteil schnell erhöhen kann, wenn man den gesamten Prozess digitalisiert und in der Lage ist, überallhin schnell zu liefern‹« [Mohr, in FAZ 2021a].

Hier gibt es also jede Menge »Potenzial«, viele kleine Konkurrenten zu besiegen, und so das Kapital einer ganzen Branche zu zentralisieren. Es ergibt sich aus der Beheimatung dieser Unternehmen in der *Zirkulationssphäre*, dass diese digitalen Versandhändler und Vermittlungsdienstleister sich nun auch auf den Akt der Zirkulation direkt stürzen, nämlich die Bezahlung selbst. Das ist insoweit nichts Neues, als auch die Banken längst elektronisch dargestellte *Zeichen* als abstrakten Reichtum gelten lassen und diese hin- und herschicken, statt Geldscheine auszutauschen. Aus den IT-Unternehmen kommen hier nun entsprechende Innovationen, um auch an der digitalen Bezahlung Geld zu verdienen und so, ganz nebenbei, die Zirkulation weiter zu beschleunigen.

Das alles tun sie selbstverständlich, wie der Gründer von *Klarna*, einem solchen Bezahldienst, betont, nur für die Kunden: »Wir wollen etwas tun, was die herkömmlichen Banken in der Vergangenheit total vernachlässigt haben, weil sie mit anderen Dingen noch viel mehr Geld verdienen konnten: Wir wollen unseren Kunden im Alltag helfen, Zeit zu sparen, Geld zu sparen und sich weniger Sorgen um ihre Finanzen machen zu müssen.« Derlei Dienst am Menschen wird ganz nebenbei zum Geschäftsmodell mit alternativer Risikobewertung im Vergleich zu herkömmlichen Banken: »Ihren Kreditvertrag bei Ihrer alten Bank unterschreiben Sie vom ersten Tag an für, sagen wir, 10 000 Euro. Auch wenn Sie diesen Betrag niemals brauchen, garantiert die Bank dafür. Das tun wir nicht. Wir lassen Sie nur dieses eine bestimmte Produkt für, sagen wir, 100 Euro kaufen. Das ist eigentlich auch gar nichts Neues. Es war immer einfacher, etwas bei Otto auf Rechnung zu kaufen, als einen Kreditvertrag mit einer Bank abzuschließen. Neu ist, dass wir sowohl für die Zahlungsabwicklung als auch für die Kreditvergabe und für Spareinlagen auf technische Lösungen und Innovationen setzen, die Skalenvorteile ermöglichen, weil keine langwierigen Verhandlungen darüber mehr nötig sind« [Siemiatkowski, in FAZ 2021a].

So sorgt nicht etwa eine geheimnisvolle »*Digitalisierung*«, sondern das Interesse dieser »neuen« Kapitalisten und deren zweckgerichtete Nutzung digitaler Techniken für das nötige Schmiermittel, damit die Waren ihrem Zweck gerecht werden und die Kassen ihrer Anbieter füllen. Interessant ist hier besonders derjenige Sektor, in dem ohne zusätzlichen Kostenaufwand einmal produzierte Inhalte vervielfacht verkauft werden können, nämlich das …

… Streaming. Amazon Prime, Spotify, Netflix, Disney+ und höchstens eine Handvoll weiterer Marktführer verkaufen Film- und Musikprodukte im Endlosangebot, ohne lästige Bindung an materielle Träger des Mediums. Damit schaffen sie den kapitalistischen Traum, ein einziges Produkt ohne weitere Herstellung unbegrenzt oft feilbieten zu können. Grundlage des Geschäftsmodells ist ein Staat, der mit seiner Rechtsordnung dieser Sorte immaterieller Produkte den Charakter eines geistigen *Eigentums* verleiht und schützt und so dessen geschäftliche Verwandlung in eine – im Prinzip – endlos sprudelnde Einnahmequelle überhaupt erst ermöglicht. So an der Quelle sitzend, haben sich die meisten Streaming-Dienste längst aufgemacht, selbst Inhalte zu produzieren und ihre Wertschöpfungskette immer mehr in die eigenen Hände zu nehmen.

Der Chef von Spotify, einem der Dienste, der sich den permanenten Zugriff auf Millionen Poplieder versilbern lässt, betont immer wieder die »Bedeutung seiner ›Audio First‹-Strategie«, bei der nicht nur Lieder, sondern auch Podcasts »gleich aus mehrfacher Hinsicht ein reizvolles Feld« sind: »Zwei Drittel bis 70 Prozent seiner Einnahmen tritt Spotify stets an die Rechteinhaber der Musik ab, über die wiederum Tantiemen an Interpreten und Songwriter ausgezahlt werden. Mehr als 60 Millionen Songs sind mittlerweile auf Spotify verfügbar. Podcasts und erst recht selbst produzierte machen den Dienst folglich unabhängiger von der Musik und allen voran den großen drei Musikunternehmen Warner, Sony und Universal Music. Zudem sind exklusive Inhalte ein praktikabler Weg, um sich von der Konkurrenz wie Amazon und

Apple Music abzugrenzen, ist der Musikkatalog der Dienste doch nahezu identisch« [Fischer, in FAZ 2021b].

Dieses Streaming hat etwas zur Voraussetzung, das als Grundlage der Digitalisierung beim Endverbraucher dient, nämlich das …

… Smartphone, das als eines *der* digitalen Produkte schlechthin gelten kann. Was die RFID-Chips in der Produktion leisten – die Verknüpfung bisher nicht digitaler Produkte und Produktionsmittel zum Internet der Dinge –, schafft das Smartphone beim Verhältnis »Consumer2Business« (C2B), also der Schnittstelle zwischen Kunde und Unternehmen. Hier überschneiden sich die verschiedenen Funktionen und Rollen, die das moderne Subjekt erfüllen muss: Als *Bürger* braucht der moderne Mensch ein Smartphone für den *digitalen Impfpass,* der ihm den Zugang zu allerlei ansonsten nicht zugänglichen Freizeitvergnügen ermöglicht; und er wird per *SMS* gewarnt, wenn in seiner Region eine der immer häufiger werdenden Naturkatastrophen stattfindet, die er der kapitalistischen Vernutzung der Natur verdankt. Als Beschäftigter wird er via Mail, diverse Messenger und eben die Telefonnummer permanent erreichbar für das Unternehmen. Als *Kunde* wird er fortlaufend mit Werbeanzeigen bespielt, dank diverser Apps. So wird das Internet zur digitalen und immer geöffneten »Shoppingmall«. Dank dem Rechner für die Hosentasche ist inzwischen fast jeder Bürger der überall erreichbare Kunde, Mitarbeiter und Datenproduzent, auch wenn die vielfältige Benutzung oftmals genau umgekehrt als *Angebot* interpretiert wird. So wird noch die Einbindung der Leute via Smartphone in die Produktion und Zirkulation des Kapitals sowie ihre staatliche Überwachung zur Ware: Das jeweilige neueste Smartphone mit eben jenen Funktionen wissen Apple, Samsung und vermehrt chinesische Anbieter sich auch nach über zehn Jahren immer noch zu versilbern.

2.3 Die neuen digitalen Techniken im Produkt

Permanent per Smartphone erreichbar zu sein, hat sich weitgehend durchgesetzt. Mehr und mehr gilt das auch in der Funktion als Konsument, der keine Ladenschwelle mehr zu übertreten braucht: Das taschenförmige, digitale Einkaufszentrum erscheint als Ideal für jedes Handelskapital. Wie gerade bezüglich *Facebook* aufgezeigt, stellt sich die Sache für den selbstbewussten Bürger jedoch meist umgekehrt dar, zahlt er doch sogar für den potenziell dauerhaften Zugriff von Unternehmen auf seine Arbeits- und Kaufkraft: Er legt sich umgekehrt den Zugang zur Warenwelt als Leistung zurechtlegt, die individuell für ihn persönlich geschaffen ist. Die neuen Techniken ermöglichen es den Unternehmern, nicht nur die Art und Weise, wie produziert wird, zu ändern, sondern auch die Produkte selbst. Hier steht besonders bei der Mobilität und damit in der deutschen Schlüsselbranche einiges an Änderungen im Raum. Bei den Produkten der deutschen Automobilindustrie ist vielfach die Rede von …

… »Connected Car, Autonomous Driving (Autonomes Fahren), Shared Mobility and Electric« (CASE). Dass immer mehr mechanische Systeme im Auto durch elektronische substituiert oder wenigstens ergänzt werden, ist weithin bekannt, seitdem sich das Berufsbild des »Mechatronikers« etablierte.

Bisher wurden die neuen Techniken als Produktions*mittel* besprochen und damit als Grundlage für neue Produktions*prozesse*, es ändern sich aber zunehmend auch die Produkte selbst. So werden – siehe den Anfang des vorletzten Abschnitts – RFID-Chips nicht nur in der Produktion verwendet, sondern sind auch selbst zum Produkt geworden. Sie sind mithin die technische Grundlage für das, was unter dem Schlagwort *Connected Car* verstanden wird. Bei den Diensten, die zusammengenommen zum *vernetzten Auto* gezählt werden, wird allgemein zwischen *Frontend* und *Backend* differenziert: *Ersteres* soll neue Dienste im Cockpit des Fahrzeuges ermöglichen, d. h. die Standardausstattung des Autos erweitern oder sogar ersetzen. Eine zentrale Rolle spielt hier die Integration des Smartphones – mit Produkten wie *CarPlay* von Apple oder *Android Auto* von Google. Obwohl die IT-Giganten darüber entscheiden, welche Apps sie mit diesen Diensten anbieten, profitieren die Autohersteller nicht nur davon, diese Dienste als Kundenservice im Auto anbieten zu können. Sie haben zudem Zugriff auf die *Live-Traffic-Daten* von Ortung, Zustandsbericht, Statistik des Fahrverhaltens, Musikstream, Office-Funktionen und mehr. Alles was bisher für das Smartphone beschrieben wurde, wiederholt sich noch einmal für das digitalisierte Auto – das deswegen auch gerne als »rollendes Smartphone« bezeichnet wird.

Unter *Backend*-Diensten wird die Weitergabe von Daten an Hersteller, Werkstätten, Pannendienste o. ä. verstanden, deren technische Grundlage einmal mehr die RFID-Chips sind. Indem diese Chips verschiedenste Funktionen im Auto überwachen, schaffen sie einen beträchtlichen Beitrag zu »Big Data«, was dann durch verschiedene Auswertungsverfahren wiederum eine Auswirkung haben kann auf die neuen Produkte. Damit wird die Grundlage für das gelegt, was sich mit dem Begriff …

… **Dual Use** beschreiben lässt [vgl. Schadt 2021: 171]. Die Digitalisierung der Produktions- und Zirkulationssphäre des Industriekapitals, geleitet durch dessen ökonomischen Interessen bei der Anwendung der CPS, ist nämlich nur die eine Seite. Denn die IT-Branche bietet dem produzierenden Kapital den Zugang zu der von ihr entwickelten Technik wiederum nur aus *ihren* Kalkulationen heraus an. Die Einrichtung des »Internets der Dinge« ist von der Soft- und Hardware abhängig, und die IT-Branche versucht ihrerseits, sich diese Abhängigkeit zunutze zu machen. So gehörten BMW und Volkswagen zu den frühen Kunden etwa der industriellen Clouddienste *Amazon Web Services* (AWS) und *Microsoft Azure*.

Während die neuen digitalen Techniken für die Industrie also Produktions*mittel* sind, sind sie für die IT-Branche *Ware*. Das ist soweit nichts Neues. In der Produktion werden seit jeher die Produktionsmittel konsumiert, daher verschlissen und verbraucht. Aus Sicht der Maschinenbaubranche, die bisher der zentrale Lieferant von Produktionsmittel ist, handelt es sich z. B. bei den Autoherstellern um die *Konsumenten* dieser Waren – wenn auch um *produktive Konsumenten* im gerade genannten Sinne. So stellt die IT-Branche eine neue *Zuliefererindustrie* dar. Dass jedes Produktionsmittel einmal Produkt war, bevor es in den Produktionsprozess eingegangen ist, ändert nichts daran, dass es, sobald es von einem Unternehmen gekauft ist, aufhört, Ware zu sein.

Da manche der digitalen Techniken ständig Updates benötigen, werden sie zwar als Produktionsmittel in der Industrie verwendet, bleiben aber *gleichzeitig* immer die Waren der IT-Kapitale. AWS etwa bietet mit *Monitron* eine Lösung für die vorausschauende Wartung älterer Maschinen. So auch die Programme von SAP, Microsoft und anderen, die in der Industrie zur Produktion benutzt, allerdings nur über *Lizenz*verträge von der Industrie genutzt werden können.

Das Phänomen ist inzwischen auch Privatnutzern bekannt. So wird *Microsoft Office* nicht mehr als Softwarepaket dem Nutzer verkauft, womit es in dessen Eigentum überginge, sondern es wird nur die Nutzung der Software als Lizenz für eine bestimmte Vertragslaufzeit verkauft. Ein Beispiel aus dem Bereich der industriellen Produktion ist dem Rechtsstreit zu entnehmen, den Daimler und Nokia mehrere Jahre lang über Lizenzgebühren für Patente auf Kommunikationstechnik führten. Während Daimler darauf bestand, dass Nokia als Zulieferer die Patentgebühren zu zahlen hätte, wollte Nokia diese direkt an den Endhersteller weitergeben. Der Fall landete Ende 2020 beim EuGH, Anfang Juni 2021 verkündete Daimler, die Gebühren zu zahlen.

Die IT-Unternehmen warten und pflegen ihre Produkte weiter und bleiben so in einem ständigen Geschäftsverhältnis zu denjenigen, die ihre Technik als Produktionsmittel benutzen. Hier ist zu beachten, dass es sich um *verschiedene Unternehmen* handelt, bei denen das gleiche Produkt einmal die Funktion einer Ware und bei dem anderen die Funktion als Produktionsmittel hat. Umgekehrt gibt es bei den digitalen Techniken auch solche, die als Waren für Endkunden hergestellt werden und in Form von Datengewinnung *gleichzeitig* zu einer neuen Form von Produktionsmitteln für die*selben* Unternehmen werden. So z. B. alle Autos, die via *ShareNow* oder *Uber* benutzt werden und so als Waren lauter Daten liefern, die selbst wieder via Big Data zur Produktionsgrundlage für neue Produkte werden, sei es das Anbieten von E-Rollern an den beliebtesten Haltestellen der *Uber*-Nutzer oder wenn dasselbe Unternehmen, das z. B. selbstfahrende Autos als Waren herstellt und *gleichzeitig* die verkauften Autos als Sammelmaschinen für Daten nutzt, um so die nächste Generation Autos zu verbessern oder die Daten gleich selbst als Ware zu nutzen.

Diese neue Funktion von Produkten, die gleichzeitig dem Produktionsprozess dienen, daher Produkt *und* Produktionsmittel sind, sei hier als *Dual Use* bezeichnet. Der *doppelte Verwendungszweck* ist in diesem Begriff genauso aufgehoben wie die Tragweite dieser Dopplung für die heutigen Produktionsverhältnisse. Unterscheidet der Begriff in seiner klassischen Verwendung die Möglichkeit, eine Technik sowohl *zivil* als auch *militärisch* zu verwenden, soll er in diesem Zusammenhang die ökonomische *Durchschlagskraft* dieser Doppelnutzung betonen. Die an dieser Stelle eingeführte Unterscheidung in die digitale Technik als Ware sowie die digitale Technik als Produktionsmittel und ihre Verknüpfung in dem Begriff *Dual Use* führt direkt zum Feld der *Konkurrenz der Kapitale*. Um dabei möglichst vorne zu liegen, gehen unter anderem die Autoproduzenten dazu über, gigantische IT-Abteilungen aufzubauen, während die IT-Branche anfängt, selbst mehr und mehr zu produzierendem Kapital zu werden.

Während also die IT-Branche versucht, die immer wichtigere Stellung ihrer Produkte im Produktionsprozess des Industriekapitals dazu zu nutzen, sich immer größere Teile der Wertschöpfungstiefe des produzierenden Kapitals anzueignen, gibt es eine ebensolche Gegenbewegung. Die Industrie, hier am Beispiel der Autoindustrie, versucht ihrerseits zentrale IT-Techniken selbst herzustellen und die IT-Branche so zu einer (weiteren) *Zulieferer*industrie zu reduzieren, also die Abhängigkeit umzudrehen. Die technische Grundlage für diese Konkurrenz ist der Standard, der gleich selbst wieder Gegenstand widersprechender Interessen ist.

2.4 Die Konkurrenz um den Standard

Damit die technischen Geräte »*der Digitalisierung*« ihr volles technisches Potenzial und damit am Ende auch ihren ökonomischen Zweck entfalten können, müssen die verschiedenen Maschinen und Geräte miteinander kommunizieren können. Das gilt für nahezu alle neuen digitalen Techniken. Nur drei Beispiele: Wenn Cyber-Physische Systeme (CPS), also solche zur Selbstüberwachung der Produktionsabläufe und -steuerung, global verkauft und so in bereits existierende Gerätenetzwerke integriert werden; wenn individualisierte Massenprodukte hergestellt werden sollen und so das Endprodukt in der Produktion mit den Maschinen kommunizieren soll; wenn beim »Smart Home« der Endkunde sein Smartphone mit seiner Heizung, seinem Licht, Fernseher und Computer verbinden können soll; dann setzt all das einen gemeinsamen *Standard* voraus, den all diese Geräte, Maschinen, Automaten sowie ihre Programme und Apps teilen. Wo dies nicht möglich ist, wo also verschiedene technische Spezifikationen auf dem Markt die jeweilige Kommunikation der Geräte untereinander verunmöglichen, erweist sich das Ausbleiben eines gemeinsamen Standards als Schranke fürs Geschäft.

In einer Welt von Eigentümern gibt es nicht *die* Sprache, in der Maschinen mit Maschinen kommunizieren (M2M), sondern eine Pluralität von Anbietern, die alle ihre technische Lösung als *Standard* etablieren wollen. Das resultiert daraus, dass in den bestehenden ökonomischen Verhältnissen die *gesellschaftliche* Arbeit als *private* organisiert ist. Trotz gesellschaftlicher Produktion gibt es keinen Plan, sondern eine *Konkurrenz* von entgegenstehender Interessen und in diesem Fall verschiedene Ansätze für eine »Lingua franca« in der Maschinenwelt. Allein in der deutschen Industrie ist die Liste lang: Die »Automation Markup Language«

(AutomationML) ist ein sogenannter *offener Standard*, ein neutrales, XML-basiertes Datenformat zur Sicherung und zum Austausch von Daten, besonders im Engineering-Bereich, unter anderem in der Robotersteuerung. Als originärer Industrie-4.0-Standard in der Produktion gilt dabei der *Jupiter Tesselation Standard*, der seit 2012 auch *ISO-Standard* ist. Es handelt sich dabei um ein Format für den Austausch von Daten, der herstellerunabhängig sein soll, da vor Einführung dieses Standards der Austausch von Daten zwischen verschiedenen Kunden kaum möglich war. Es existieren verschiedenste Standards für Beschreibungs- und Implementierungsmethoden, für Kern- und Anwendungsmodelle oder für Anwendungsprotokolle und Datenformate.

Der Standard in der Produktion | Zahlreichen Veröffentlichungen zufolge handelt es sich bei der Frage nach Standards um eine *technische* Frage, die gemeinsam und im Interesse aller zu lösen ist. So heißt es auf der Industrie-4.0-Plattform: »Die Interaktion und Kommunikation zwischen den Fabriken mit ihren Maschinen geht über Betriebs- und Unternehmensgrenzen hinaus. Firmen verschiedenster Branchen sind so miteinander in einem Wertschöpfungssystem vernetzt, wie zum Beispiel Zulieferer, Logistikunternehmen und Hersteller. Als Verbraucherin und Verbraucher stellt man das schon gar nicht mehr in Frage: Das USB-Kabel verbindet den Drucker mit dem Laptop, die Bluetooth-Technologie transferiert Musikdateien vom MP3-Player auf das Mobiltelefon und zurück. Die Kommunikation funktioniert beinahe reibungslos – weil die Hersteller der verschiedenen Komponenten sich auf gemeinsame Schnittstellen geeinigt haben. Dies ist ein Standardisierungsprozess, der nun auch der Industrie bevorsteht und der im Vorhinein die Mechanismen der Zusammenarbeit festlegt. Dafür werden sogenannte Referenzarchitekturen definiert: idealtypische Modelle, die den Rahmen für die Entwicklung, Integration und den Betrieb der relevanten technischen Systeme vorgeben« [4.0, Plattform Industrie 4.0 2017].

Wo die verschiedenen technischen Spezifikationen zur Schranke des Geschäfts werden, da ist für die Unternehmen deren Überwindung auch tatsächlich gefordert. *Gleichzeitig*, und hier liegt der Widerspruch in und zwischen den Kapitalinteressen, stellen technische Spezifikationen ein Mittel in der Konkurrenz gegen *andere* Unternehmen dar. Die Verpflichtung des Kunden auf eine bestimmte Produktlinie bedeutet im Idealfall die Schaffung eines *Monopols* – so viel zum technischen Fortschritt durch freie Konkurrenz – mittels entsprechender Platzierung des eigenen Standards. In der VWL wird hier von einem »Lock-in-« oder »Netzwerkeffekt« gesprochen. Unternehmen, die einmal auf eine bestimmte Technik gesetzt haben und auf diesen Standard eingestellt sind, haben mit jedem neuen Bereich, der auf diesen Standard geeicht ist, höhere Kosten für einen Umstieg. Die Konkurrenz um Standards für Cyber-Physische Systeme in der Digitalisierung treiben diese *Netzwerkeffekte* weiter voran.

Diese *Lock-in-Effekte* sind ein Ergebnis der Konkurrenz der IT-Unternehmen um Marktanteile. Seine Standards für fremde Produkte zu öffnen, würde es dem Unternehmen zwar ermöglichen, in einen Markt einzudringen, aber es ermöglicht eben auch umgekehrt, den bisher auf diesem neuen Markt tätigen Unternehmen, in den eigenen vorzudringen. Einen gemeinsamen Standard zu finden, ist also kein technisches Problem, sondern ein *ökonomisches. Einen* Standard zu finden, ist technisch leicht machbar, widerspricht aber der Konkurrenzlogik. Entsprechend ist es also *keine* technische

Schwierigkeit *der Digitalisierung*, eine funktionierende Kommunikation zwischen Maschinen herzustellen. Hier gibt es im Gegenteil diverse Lösungen und Akteure, die daran arbeiten, so etwa die *International Electronical Commission* (IEC), die *International Organization for Standardization* (ISO), die *Internet Engineering Task Force* (IETF), das *World Wide Web Consortium* (W3C), die *Object Management Group* (OMG), die *Object Linking and Embedding for Process Control Foundation* (OPC), die *Organization for the Advancement of Structured Information Standards* (OASIS), das *Institute for Electrical and Electronics Engineers* (IEEE) sowie der *Verband der Elektrotechnik und Elektronik* (VDE). Alle diese Organisationen nehmen in verschiedenem Ausmaß und teilweise auf etwas unterschiedlichen Gebieten für sich in Anspruch, Normen und Standards für »die Digitalisierung« zu setzen.

Ein Ergebnis dieser Konkurrenz um die Standards ist, dass sich in vielen Fällen ein aus technischer Sicht nichtoptimaler Standard durchgesetzt hat. Ein klassisches Beispiel dafür ist die Verdrängung der herstellerneutralen sogenannten OSI-Protokolle durch die heute gängigen Internetprotokolle. Hier wiederholt sich der genannte Widerspruch: Der Wunsch nach lückenloser Vernetzung der Betriebsabläufe trifft auf geschäftsbedingte Inkompatibilität ihrer Produkte. Hier macht sich also erneut das *Dual Use* bemerkbar: diejenigen Unternehmen, die den Standard als Produktionsmittel für *ihre* Produktion benötigen, haben ein Interesse daran, dass alle ihre Maschinen reibungslos miteinander vernetzbar sind. Die Unternehmen allerdings, die diese Produktionsmittel herstellen, können durchaus Netzwerkeffekte anstreben und so gezielt mit der *Nicht-Kompatibilität* ihrer Produkte arbeiten: Die doppelte Nutzung der Produkte für zwei *unterschiedliche* ökonomische Zwecke erklärt, warum Standards eben alles andere als »*der Standard*« sind.

Die technische Voraussetzung der Digitalisierung, der gemeinsame Standard zur Vernetzung von allem mit allem, ist damit selbst Gegenstand der Konkurrenz, weshalb verschiedene technische Lösungen darum konkurrieren, Standard zu werden. Dabei sollte man sich von dem Zitat der *Plattform Industrie 4.0* zu Beginn dieses Kapitels nicht täuschen lassen – die Akteure selbst sind sich dabei durchaus bewusst, wie wichtig die Standardisierung als Mittel in der Konkurrenz ist: »Normen als weltweite Sprache der Technik und Innovationen erleichtern den freien Warenverkehr und fördern den Export: Europäische Normen öffnen den Binnenmarkt, globale Normen den Weltmarkt. Normen können Katalysator für Innovationen sein, um technische Lösungen am Markt zu verankern. Denn Normen definieren Schnittstellen und Kompatibilitätsanforderungen. Wer Normen missachtet, kann schnell im Wettbewerb zurückfallen. Wie die Anwendung von Normen, so bringt auch die Beteiligung an ihrer Erarbeitung Vorteile« [DIN 2011: 4]. Das trifft gerade auf die Digitalisierung in der produzierenden Industrie zu, in der von deutscher Seite hervorgehoben wird, wie wichtig es ist, die »*aktive Teilnahme*« und »*Gestaltung*« von Standards nicht den USA oder dem asiatischen Raum zu überlassen, da dies sonst »nicht unerhebliche negative Auswirkungen auf die Innovationskraft und Technologieführerschaft der deutschen Industrie« haben könnte.

Strategien in der Konkurrenz um den Standard | Die deutschen Unternehmen versuchen, ihre Stellung auf dem Weltmarkt mittels ihrer globalen Normen weiter auszubauen. Durch die oben bereits dargestellte Dialektik, dass die

Begrenzung *des* eigenen Geschäfts immer gleichzeitig auch Mittel *für das* eigene Geschäft gegen die Konkurrenz ist, ergeben sich die prinzipiellen Strategietypen:

Exklusivität ist der Versuch, selbst einen Standard gegen alle anderen zu etablieren. Die Idee: Unter Ausnutzung der eigenen Marktmacht wird davon ausgegangen, dass die Begrenzung der eigenen Kompatibilität mehr Schaden für die Konkurrenz als für das eigene Geschäft bedeutet. Die Nachteile werden also bereitwillig in Kauf genommen. Die Strategie der Exklusivität findet sich prominent im Bereich der Endnutzungsgeräte: *Apple* ist der wohl bekannteste Vertreter einer Exklusivitätsstrategie. Das Unternehmen geht dabei bis hin zur Ablehnung, sich an die Norm für Akkuladegeräte zu halten und scheut dabei auch den Konflikt mit der EU nicht.

Unter *Kooperation* wird der Zusammenschluss mit anderen Unternehmen für die Entwicklung eines gemeinsamen Standards verstanden. Hier wird die eigene Marktmacht kombiniert mit einem oder mehreren Konkurrenten, um mit dem gemeinsamen Netzwerkeffekt gegen Dritte zu konkurrieren. Die Kooperation ist also nicht das Gegenteil der Konkurrenz, sondern ein Mittel in ihr. In der Plattform Industrie 4.0 schlägt man gleich einen gemeinsamen Standard vor, der deutschland- oder am besten europaweit verwendet werden soll: »Aus der Plattform Industrie 4.0 heraus besteht ein Vorschlag für ein lösungsneutrales Referenzarchitekturmodell RAMI 4.0, das Grundlage für die weitere Arbeit der Plattform ist. Darauf aufbauend ist nun im Schulterschluss mit den Fachgremien eine Beschreibung erforderlich, was eine Industrie 4.0-Komponente ausmacht und wie sie in eine Verwaltungsschale gekapselt werden kann. Außerdem kann ausgehend von dem Referenzarchitekturmodell eine Industrie 4.0-Ontologie, eine Grammatik und Semantik und damit eine gemeinsame Sprache, erarbeitet werden. Dafür ist die Zusammenarbeit über Sektor- und Branchengrenzen hinweg gefragt. Durch das gemeinsame Vorgehen von Maschinen- und Anlagenbau, Automatisierungstechnik, IT-Wirtschaft und produzierenden Anwendungsindustrien wird ein ganzheitlicher Blick auf die Industrie 4.0 und ihre Ontologie erreicht« [Plattform Industrie 4.0: 2018].

Hier handelt es sich also um die Strategie der Kooperation in einem nationalen bzw. europaweiten Zusammenschluss – in Konkurrenz zu den Programmen anderer nationaler Zusammenschlüsse, namentlich der US-amerikanischen und chinesischen. Deutlich wird das auch an der Liste der Mitglieder der *Plattform Industrie 4.0*, die das Bundeswirtschaftsministerium sowie das für Bildung und Forschung beinhaltet, zudem die Robert Bosch GmbH, den Bundesverband der deutschen Industrie, SAP, die Fraunhofer Gesellschaft, Siemens, Festo, Audi, BMW, Daimler, Volkwagen, Wittenstein und viele mehr. Die Konkurrenz *zwischen* den deutschen Unternehmen wird hier also modifiziert, um mit entsprechender Marktmacht eines Standards gegen ausländische Kapitale konkurrieren zu können, wie sich etwa an dem Projekt »*Catena-X*« der deutschen Autoindustrie zeigen ließe. Neben allen großen deutschen Autoherstellern sind auch »bereits Bosch, ZF Friedrichshafen sowie Henkel und Schaeffler der Allianz beigetreten. Auch die deutsche Telekom ist als Partner an Bord« [Fasse/Kerkmann 2021].

Eine dritte Variante besteht darin, auf einen *offenen Standard* zu setzen. Hier versucht der Akteur, die Schranke fürs eigene Geschäft völlig aufzuheben, indem die eigene Technik mit möglichst vielen anderen Standards kompatibel ist oder zumindest der eigene Standard kostenfrei von Konkurrenten übernommen werden kann. Damit allerdings ist auch die

Schranke für die Konkurrenz aufgehoben, d. h. wenn Kunden einen offenen Standard verwenden, werden diese nicht auf die eigenen Produkte verpflichtet. Während sowohl bei der Strategie der Kooperation als auch der Exklusivität die Konkurrenz darin besteht, sich mittels eigener oder gemeinsamer Marktmacht gegen die Konkurrenz durchzusetzen, indem die eigenen technischen Spezifikationen als Standard etabliert werden und so die Kunden, einmal auf diese Art Vernetzung festgelegt, in eine Pfadabhängigkeit geraten, setzt die dritte Strategie auf genau diejenigen Kunden, die sich nicht in eine solche Abhängigkeit begeben wollen. In dieser Strategie verzichten die Unternehmen also gerade auf die Hoffnung eines gewinnbringenden exklusiven Standards, um sich so in der Konkurrenz zu behaupten – und das immer wieder mit Erfolg: »Insbesondere die amerikanischen Anbieter konstruieren offene KI-Plattformen wie die Google Cloud AI, Microsoft Azure AI, Amazon SageMaker oder IBM Watson und machen KI-Algorithmen für alle verfügbar – häufig unter Open-Source-Lizenzen. Ein solches Vorgehen wird im Internet seit Jahren erfolgreich angewandt. So konnte sich zum Beispiel Google auf diese Weise mit Android die führende Position im Markt für mobile Betriebssysteme sichern« [Buxmann 2021 in FAZ 2021c].

Unterdessen zeigt sich das deutsche Softwareunternehmen SAP in allen drei Strategien bewandert. Einerseits ist es Mitglied in der *Plattform Industrie 4.0* und in anderen, ähnlichen Vereinigungen, zeigt sich also durchaus fähig, die Kooperation als Strategietyp anzuwenden. Gleichzeitig versucht der Konzern, die von ihnen genutzte Technik als Standard durchzusetzen, auf den sich die jeweilige Kooperation einigen soll. Diejenigen Unternehmen, die in Zusammenarbeit oder allein versuchen, ihren Standard zu setzen, haben es, wie bereits gezeigt wurde, auch mit dem Netzwerkeffekt zu tun, der ihre Position in der Konkurrenz entweder stärkt oder schwächt. Hier ist es sogar möglich, dass sich technisch bessere Software wegen der hohen Umstellungskosten auf einen neuen Standard nicht durchsetzt. Die IT-Unternehmen müssen sich also – sofern sie sich nicht für die Strategie der *offenen Standards* entschieden haben – wiederum einen strategischen Umgang mit dem Lock-in-Effekt zulegen. Hier ist SAP kreativ und bietet »Lösungen«, um den Netzwerkeffekt gegen andere aufrechtzuerhalten, den Ausschluss von möglichen Kunden zu ihrer Technik aber möglichst gering zu halten: Nach eigenen Angaben ist SAP mit rund einer viertel Million Kunden einer der führenden Anbieter von Unternehmenssoftware und inzwischen der drittgrößte unabhängige Softwarelieferant im globalen Markt. Um die Kunden anderer Firmen auf den Standard von SAP wechseln zu lassen, subventioniert dieses deutsche IT-Unternehmen den Wechsel: »So hat beispielsweise die SAP ein ›Safe Passage Program‹ eingeführt, das den Nutzern einen Anreiz bietet, etwa von Siebel auf SAP-Lösungen umzusteigen. SAP-Neukunden können auf diese Weise ihre installierten Lösungen mehr oder weniger bilanz- bzw. kostenneutral in eine SAP-Implementierung transferieren« [Buxmann/Diefenbach/Hess 2015: 29]. Dafür übernimmt SAP interne wie externe Projekte sowie Lizenzkosten, Teile der Hardwareanschaffung sowie Schulungen des Personals.

Der Standard im Produkt | Bis hierher wurde die Konkurrenz der verschiedenen Konzerne in der Konkurrenz um *Standards in der Produktion* betrachtet. Die Strategien und Widersprüche wiederholen sich auf Seiten der digitalen Technik als Ware: Das zeichnet sich »beim Kampf der Automobilhersteller um die immer wichtiger werdende Kundenschnittstelle ab. So haben sich Volkswagen, Fiat, Renault und andere europäische Hersteller der *Open Automotive Alliance* (OAA) angeschlossen. Diese von Google geführte Community entwickelt eine gemeinsame Plattform für das vernetzte Auto (›Connected Car‹) zum Beispiel, um Navigationsdaten und Infotainment integrieren zu können. Andere Hersteller wie BMW treiben die Entwicklung mit Nachdruck allein voran« [BDI 2018: 13].

Es verändern sich allerdings die Plattformen und gemeinsamen Projekte. Während die *Konkurrenten* bei der Produktion sich innerhalb Deutschlands gemeinsam in der *Plattform Industrie 4.0* organisiert haben, sind bei den Standards der digitalen Waren andere Namen zu nennen. Google hat es hier geschafft, sich als IT-Partner, der den Standard entwickelt, für eine ganze Reihe internationaler Autokonzerne durchzusetzen. Die *Open Automotive Alliance* wurde 2014 auf der Technikmesse in Las Vegas vorgestellt, damals mit den ersten fünf Partnern: Audi, General Motors, Honda, Hyundai und Nvidia. Google versucht damit, sein Betriebssystem Android als den Standard für das Auto zu etablieren. Es überrascht wenig, dass auch Apple mit einer solchen Lösung nachlegte, und zwar unter dem Titel *Apple CarPlay*. Hier wird das iPhone nicht bloß als »digitaler Autoschlüssel« gepriesen (»Öffne und starte dein Auto mit dem iPhone«), sondern auch als der »perfekte Beifahrer«: Von der Nutzung der Apple-Karten-App über Telefonie, *Siri* und *Apple Music* sollen hier die Endanwendungen, die von anderen Apple-Produkten bekannt sind, auch im Auto benutzt werden, vor allem via Sprachsteuerung. Zu beachten ist, dass die meisten Autohersteller sowohl bei Apple als auch bei Google eingestiegen sind. Von 56 Autoherstellern, die bei der *Open Automotive Alliance* sind, sind immerhin 45 auch bei *Apple*. Von den 60 Autoherstellern bei *Apple CarPlay* sind wiederum 47 ebenfalls bei der *OAA*. Volkswagen etwa holt sich auch beim Produkt selbst einen IT-Spezialisten mit an Bord, allerdings nicht Amazon, wie in der Produktion, sondern Microsoft, was im Februar 2019 bekannt wurde. Das Ziel ist, bis 2025 alle Autos von Volkswagen zu vernetzen. Bisher wird hier also von den Autoherstellern vor allem der Weg gewählt, sich beide Standards zugänglich zu machen: »Entscheidend dürfte sein, welche Bedeutung der Integration des Automobils ins digitale Ökosystem zukommt: Wird diese Frage künftig für Autokunden so kaufentscheidend sein wie heute jene nach iOS oder Android für Smartphone-Käufer? Wie wichtig ist ihnen eine nahtlose Einbindung digitaler Dienste?« [BDI 2018: 13].

Wenn die digitalen Komponenten auf Seiten der digitalen Technik als Ware immer wichtiger werden, kann sich auch die Wertschöpfungskette beim Automobil immer weiter in Richtung Software bzw. IT-Branche verschieben. Aus Sicht des Spitzenverbandes der deutschen Industrie besteht so die Befürchtung, dass Autohersteller mit dem Gütezeichen *Made in Germany* »zu reinen Hardwarelieferanten degradiert« [BDI 2018: 13] werden. Hier handelt es sich um einen der zentralen Debattenstränge »der Digitalisierung«: Wird das deutsche produzierende Kapital mit der Schlüsselbranche der Autoindustrie zum Hardware-Lieferanten für die US-amerikanische IT-Branche? (vgl. Kap. 3)

Widersprüche in den Wertschöpfungsnetzwerken | Die Kooperationsstrategie verschiedener Unternehmen in der Frage des Standards soll diesen Zeit und Geld einsparen und führt zu sogenannten Wertschöpfungsnetzwerken: »Dezentrales polyzentrisches Netzwerk, das gekennzeichnet ist durch komplexe wechselseitige Beziehungen zwischen autonomen, rechtlich selbstständigen Akteuren« [BMBF 2013]. Diese werden vom Bundesministerium für Bildung und Forschung (BMBF) euphemistisch als »eine Interessengemeinschaft von potenziellen Wertschöpfungspartnern, die bei Bedarf in gemeinsamen Prozessen interagieren«, bezeichnet.

Zwar erinnert auch das Ministerium daran, dass sich das Netzwerk an einem »ökonomischen Mehrwert« orientiert; allerdings wird nicht expliziert, dass dieses Netzwerk nicht nur nach außen, sondern auch nach innen konkurriert. Die Kooperationsstrategie besteht in der punktuellen Aufhebung der Konkurrenz für den gewünschten Zweck, durch die Erhöhung der Zirkulationsgeschwindigkeit einen Profitzuwachs zu generieren. Dafür müssen die Unternehmen ihre IT-Systeme anpassen und damit unter anderem Produktionsabläufe offenlegen. Bei den Kooperationspartnern handelt es sich um andere, konkurrierende Unternehmen. Für jedes Unternehmen sind etwa seine Produktionsmethoden, Betriebsabläufe oder Daten die Mittel, über die es ausschließlich verfügt, um seinen Unternehmenszweck zu erreichen. Sie offenzulegen steht in einem grundsätzlichen Widerspruch dazu, denn das hat die unerwünschte Seite, dass die »Kooperationspartner« immer potenzielle Konkurrenten sind und so Produktionsmethoden übernehmen bzw. kopieren können: »Das Thema des umfänglichen Datenaustausches entlang der Wertschöpfungskette wird recht ambivalent diskutiert. Schließlich steht dem Vorteil der Flexibilität bei der Produktion der Nachteil einer möglicherweise zu engen Bindung zwischen Lieferant und Abnehmer und einer Offenlegung der Unternehmensprozesse (also äußerst sensibler unternehmensinterner strategischer Daten) gegenüber« [DGE 2014].

Diese *konkurrenzbasierte Kooperation* sorgt also neben den gewollten auch für ungewollte Ergebnisse. Wer sich auf eine solche »Partnerschaft« einlässt, lebt in ständiger Sorge um seine Daten. So gibt es Unternehmen, die diese Sorte Konkurrenzvorteil – die Teilhabe anderer an ihren Daten – als Verlust ihrer Wettbewerbsfähigkeit betrachten. Um dieser Sorge entgegenzuwirken und nur notwendige Daten preiszugegeben, ist der neue Unternehmensbereich »Datensicherheit« entstanden, der sich zudem der Bekämpfung von »Cyberkriminellen« widmet – ein Bereich, der zugleich für sich selbst wieder ein hervorragendes Geschäftsfeld ist.

Das allerdings kann den grundsätzlichen Widerspruch nicht auflösen, an dem diese *konkurrenzbasierte* Kooperation laboriert. Durch die weltweite Vernetzung via Internet wollen private Eigentümer auch weltweit Geschäfte machen – und das mit Hilfe von globalen Daten, während gleichzeitig die eigenen Daten zu schützen sind. Nicht nur nach außen, sondern auch innerhalb der neuen Wertschöpfungsnetzwerke zeigen sich neue Konkurrenzverhältnisse zwischen den Unternehmen durch die Offenlegung von Unternehmensprozessen. Hier wird deutlich: Bei den Wertschöpfungsnetzwerken handelt es sich nicht um eine »Interessengemeinschaft«, die als Zusammenschluss von Partnern agiert, sondern um Konkurrenten, die ihre jeweiligen »Partner« für das eigene Interesse nutzen wollen, ohne dabei selbst zu viel preiszugeben. Innerhalb der Kooperation entsteht damit ein Dilemma, da die Setzung eines gemeinsamen Standards es technisch nötig macht, die Daten des jeweiligen Kooperationspartners offenzulegen, um so das Funktionieren der Wertschöpfungsnetzwerke tatsächlich zu ermöglichen.

Oder mit den Worten des Wirtschaftsjournalisten Stephan Kaufmann: »Auch dies läuft den Bemühungen der

Unternehmen entgegen, Informationen geheim zu halten, um sie exklusiv für sich zu nutzen. Der Widerspruch zwischen allgemeiner Verfügbarkeit der Informationen und dem kapitalistischen Zweck dieser Daten – private Aneignung des Ertrags über den Ausschluss der anderen – mündet in den Streit um Datensicherheit und Nutzungsrechte, also um die Frage, wie juristisch die exklusive, ausschließende Nutzung der Daten bei allgemeiner Verfügbarkeit organisiert werden kann« [Kaufmann 2016: 6]. Die Interessenlage der Kooperateure ist also keinesfalls so einheitlich, wie es der Begriff der Interessen*gemeinschaft* nahelegt. Vielmehr gibt es eine sehr grundsätzliche ...

2.5 Konkurrenz zwischen Industrie- und Informationskapital

Prinzipiell handelt es sich bei der Konkurrenz zwischen dem produzierenden und dem Informationskapital um einen Unterpunkt der generellen Dialektik, die im letzten Abschnitt dargestellt wurde: Beide Seiten sind darauf angewiesen zu kooperieren, gleichzeitig stehen sie in Konkurrenz um die Wertschöpfungstiefe der in Kooperation miteinander entstehenden Wertschöpfungsnetzwerke. An Google und Microsoft soll hier exemplarisch gezeigt werden, wie die »digitalen Champions« sich dieser *konkurrenzbasierten Kooperation* mit produzierenden Unternehmen – hier der Autoindustrie – jeweils mit einer eigenen Strategie nähern.

Microsoft: Der partnerschaftliche Ansatz. Microsoft sieht sich selbst als »einen Partner statt einen Konkurrenten« [Microsoft 2017]. Das Unternehmen verweist immer wieder darauf, dass sie selbst keine Autos entwerfen oder bauen wollen, sondern die Autohersteller bei technischen Lösungen für deren *»connected cars«* unterstützen möchte. Mit diesem *»partnerschaftlichen Ansatz«* verfolgt Microsoft eine Strategie, die die Branchengrenzen zwischen den IT-Unternehmen und den Erstausrüstern, den sogenannten OEMs (Original Equipment Manufacturer), aufrechterhalten und beide Seiten auf ihre »Kernkompetenzen« festlegen will.

Einerseits hebt Microsoft hervor, dass es selbst nicht vorhat, in die klassischen Bereiche der deutschen Automobilindustrie vorzudringen, und bietet sich gleichzeitig als IT-Experte an, der vor allem die cloudbasierte Infrastruktur für die Autohersteller bereitstellen kann, die diese selbst (noch) nicht produzieren können. Mit der *»Open Mobility Cloud«* sowie dem *»Windows embedded automotive«* deckt Microsoft damit als Partner sowohl den Produktionsprozess als auch das Produkt ab. Da sich in der Cloud alle zentralen Daten befinden, liegt es auch nahe, dass Microsoft durch diese Sorte Partnerschaft sich auch die Möglichkeit des »Dual Use« offenhält, indem die durch Microsoft-Technik anfallenden Daten via »Big Data« selbst wieder zur Grundlage angebotener Technik werden. Als Verkaufsargument führt Microsoft hier vor allem an, dass weit mehr als die Hälfte der 500 vermögensstärksten Unternehmen bereits die Cloudsysteme von Microsoft benutzen [vgl. Microsoft 2018].

Ganz als *»Partnership«* organisiert Microsoft so seine Konkurrenz. Die klare Abgrenzung der verschiedenen Branchen, die Microsoft hier vorantreibt, basiert auf der Annahme des IT-Unternehmens, dass der Anteil seiner digitalen Waren an der Wertschöpfung in der Automobilindustrie immer wichtiger wird. Ohne selber in die Produktion einzusteigen, versucht das IT-Unternehmen so, die Wertschöpfungstiefe abzuschöpfen. Das Ergebnis, sollte diese Strategie gelingen, wäre, dass die Autohersteller und Zulieferer, die nach wie vor die Hardware für Autos produzieren und montieren, zu Hardwarelieferanten für die eigentlichen ökonomischen Träger der Produktion, die IT-Unternehmen, degradiert würden. Diese nähmen dann einen immer wichtigeren Teil in der Wertschöpfungskette ein.

Google: Der Wettbewerber | Andere IT-Konzerne bemühen nicht das Bild der Partnerschaft, sondern das der klaren Konkurrenz gerade dort, wo IT-Unternehmen versuchen, unmittelbar selbst zum Automobilhersteller oder Zulieferer zu werden. Das bekannteste Beispiel hierfür ist Google (bzw. der Mutterkonzern Alphabet). Der IT-Riese produziert in Form eines Tochterunternehmens, des Start-ups namens *Waymo,* selbstfahrende Autos. Damit eröffnet Google die Konkurrenz um die Wertschöpfungskette in der Automobilindustrie selbst: »Im Kern geht es um die Frage, ob Fahrzeughersteller elektronische Komponenten oder ob Digitaltechnikunternehmen Fahrzeuge zukaufen« [Bardt 2016]. Google versucht sich als Autohersteller zu etablieren und lässt sich selbst von Zulieferern beliefern: Continental produziert für die autonom fahrenden Autos von Waymo Reifen, Bremssysteme, Raddrehzahlsensoren und Steuerungselektronik. Ganz ohne Kooperation mit dem Autoherstellern und -zulieferern geht eben auch die Konkurrenz gegen sie nicht voran. All dieser »*partnerschaftliche Wettbewerb*« findet natürlich auch umgekehrt statt, also als Konkurrenz.

Dass die Automobilbranche ihre Produktionsmittel nicht selbst herstellt, sondern auf dem freien Markt bezieht, ist kein Spezifikum aus dem Bereich der digitalen Techniken. Neu ist, dass bei der Software als Produktionsmittel diese nicht in ihrer Gänze gekauft wird. Durch Updates, Sicherungen, Wartung und Weiterentwicklung bleibt das jeweilige produzierende Unternehmen gebunden an das IT-Unternehmen, das die Software herstellt. Da es sich bei der Software nicht nur um einen beliebigen Teil der Produktion handelt, sondern um die notwendige Bedingung zur Nutzung der ganzen Hardware, wird der gesamte Produktionsprozess abhängig von der IT-Branche.

Die Konkurrenz ist allerdings nicht nur bedingt durch diese spezifische Qualität der IT, nie ganz gekauft zu werden, sondern auch durch die ständig steigende Quantität von digitaler Technik im Auto. Bereits 2002 lag in »Relation zur gesamten Wertschöpfung eines Nutzfahrzeuges [...] der Anteil der Elektronik 2002 bei sieben Prozent« [Gneuss 2006]. Elektronische Systeme im Auto waren 2015 bereits die Basis für 80 % aller Innovationen [vgl. BMBF 2015]. So wird davon ausgegangen, dass die bisher klassischen zwei Arten von Vernetzungen in den Wertschöpfungsketten –Informations- und Produktionsfluss – durch die digitalen Techniken leichter ausgelagert werden und sich damit klassische Unternehmensgrenzen auflösen können: »Somit werden aus den bisher starren Wertschöpfungsketten entsprechend dynamische Wertschöpfungsnetzwerker entstehen. Durch diese Veränderung der Wertschöpfungsketten besteht auch das Risiko, die eigene Selbstständigkeit zu verlieren beziehungsweise in eine Abhängigkeit zu Partnern/Lieferanten zu gelangen. Zukünftig werden für erfolgreiche Unternehmen Daten, Automatisierung, Vernetzung und der digitale Kundenzugang zu beherrschenden Hebeln gehören« [Huber, 2016: 17].

So befürchten die industriellen Konzerne eine Abhängigkeit von den IT-Unternehmen, die die Technik für die industrielle Produktion auf dem Stand der »Industrie 4.0« liefern.

Aus dem Umgang mit dieser neuen Konkurrenz ziehen die industriellen Unternehmen verschiedene Konsequenzen. Manche Autohersteller versuchen, sich von dieser Abhängigkeit zu befreien, indem sie selbst zu Herstellern der neuen digitalen Techniken werden. VW beschäftigt bereits seit 2016 ca. 10.000 Softwareentwickler und vergrößert damit nicht nur seine Unabhängigkeit von den IT-Unternehmen, sondern schafft sich auch seit längerem einen veritablen Ruf als Brotgeber für Informatiker [vgl. Volkswagen 2018a]. Gebraucht werden diese »in Projekten für alle Fachbereiche von der Entwicklung bis zum Vertrieb, für alle Marken von Lamborghini bis Scania und für alle Märkte von China bis Mexiko« [Volkswagen 2018b].

Wer sich in der Konkurrenz zwischen den produzierenden Unternehmen und den IT-Konzernen durchsetzen wird, ist noch offen. Klar dagegen ist, dass für die beteiligten Staaten jeweils ihre »Schlüsselindustrien« auf dem Spiel stehen – entsprechend werden nationale Programme ins Leben gerufen, um den Konzernen des jeweiligen Standortes einen entscheidenden Vorteil zu verschaffen.

3.
Von der »Industrie 4.0« zur »digitalen Souveränität«

2011 wurde mit dem Begriff der »Industrie 4.0« von deutscher Seite aus begonnen, eine Digitalisierung der industriellen Produktion staatlich zu fördern. Explizit bestand das Ziel auch darin, mit der internationalen Konkurrenz Schritt zu halten. Was dabei für die Staaten auf dem Spiel steht, stellte die Bundesregierung 2015 noch einmal klar: »Wir sind jetzt an einer entscheidenden Stelle angelangt, bei der Frage: Wie durchdringt die Digitalisierung auch die industrielle Produktion? Das ist für uns volkswirtschaftlich von allergrößter Bedeutung, denn es ist nicht entschieden, ob die klassische industrielle Produktion eines Tages der hintere Teil der verlängerten Werkbank wird oder ob wir es schaffen, eine gleichberechtigte Balance von digitaler Technologie und klassischer industrieller Fertigung zu erreichen, mit der wir dann auch weiter weltweit reüssieren können [...]. Das ist nämlich im Kern der Kampf, der zurzeit ausgefochten wird« [Merkel 2015].

Dem lassen sich einige Grundkoordinaten der Digitalisierung als staatliches Programm entnehmen: *Erstens* ist der Produktivitätszuwachs nicht nur für die Unternehmer eine Frage der Konkurrenz. Auch die Politik bezieht sich auf die neue Technik als Mittel, sich *gegen* andere Staaten durchzusetzen. *Zweitens* weiß die Bundesregierung darum, dass die sonst so gerne beschworene »internationale Gemeinschaft« untereinander auch aus Gegenspielern besteht, die jeweils versuchen, ihre Positionen auszubauen. Während Eröffnungen deutscher Fabriken im Ausland gerne als segensreiche Arbeitsplatzgaranten für marode Volkswirtschaften präsentiert werden, weiß man umgekehrt um die Rolle von Ländern, die vor allem für internationale Konzerne die »verlängerte Werkbank« bilden. Ein umgekehrtes Verhältnis – Deutschland als Werkbank anderer – käme kaum in Frage, vielmehr ist man versucht, die Bedingungen auch im Zeichen der Digitalisierung aufrechtzuerhalten und möglichst weitere Geländegewinne zu verzeichnen. Deutlich wurde dies etwa bei der Einweihung des Quantencomputers in Ehningen 2021: »Heute enthüllen wir in Ehningen den ersten Quantencomputer in Europa. Wir haben das IBM und der Fraunhofer-Gesellschaft zu verdanken. Ohne Zweifel ist der Quantencomputer ein glänzendes Aushängeschild des Hightech-Standortes Deutschland. Und dass dieses Wunderwerk der Technologie in Baden-Württemberg beheimatet ist, verwundert eigentlich kaum. Das Bundesland gehört schon seit Jahren zu den innovationsstärksten Regionen Europas, wobei hier der Landkreis Böblingen besonders heraussticht. Bereits seit Beginn der Industrialisierung – seit den ersten Dampfmaschinen und Eisenbahnen – scheint sich das Rad des Fortschritts im Südwesten unseres Landes oft ein wenig schneller zu drehen als anderswo. Jedenfalls finden sich hier schon seit langem hervorragende Bedingungen für Wissenschaft und Wirtschaft« [Merkel 2021].

Und dafür ist einiges zu tun: Für den Bereich des *Inneren* werden in diesem dritten Kapitel daher die *digitale Infrastruktur* (3.1), die *Rechtssicherheit* (3.2), der *Sozialstaat* (3.3) sowie die doppelte Digitalisierung der *Sozialen Arbeit* (3.4) behandelt. Es folgt die Darstellung von internationaler Konkurrenz im *Kampf um Standorte* (3.5), was immer auch bedeutet: *(digitale) Aufrüstung* (3.6).

3.1 Die digitale Infrastruktur

Die erste Voraussetzung dafür, dass deutsche Unternehmen überhaupt in der internationalen Konkurrenz bestehen können, ist die Schaffung der »modernsten digitalen Infrastruktur der Welt« – was wortgleich 2016 von dem damaligen Bundeswirtschaftsminister Sigmar Gabriel für das Jahr 2020 und ein Jahr später von dem Europapolitiker Martin Schulz für das Jahr 2025 verheißen wurde; seitdem wiederholen sich immer wieder derlei Verkündigungen in der einen oder anderen Form, so auch in dem Koalitionsvertrag der Ampel 2021. Darunter fallen der Ausbau der Glasfaserkabel in Deutschland sowie der Ausbau der Handynetze, Stichwort »5G«. Hier investieren sowohl der Bund als auch die Länder, in Baden-Württemberg beispielsweise wurden 2019 allein 500 Millionen Euro in den Ausbau vor allem der ländlichen Infrastruktur investiert. Der Technologiebeauftragte der Landesregierung sprach klar aus, welche Ziele das Land damit verfolgt: Ohne entsprechende Infrastruktur wäre die Ansiedlung von Start-ups nicht möglich, man dürfe weder in der Konkurrenz mit den USA verlieren noch gegen kleinere Länder wie Estland ins Hintertreffen geraten.

Mit Blick auf den gesamten Standort verband die Bundesregierung mit dem Programm Industrie 4.0 schon frühzeitig auch das Ziel, »kleinen und mittleren Unternehmen die Möglichkeit« zu bieten, »anhand von Anwendungsbeispielen die Digitalisierung in Betriebsabläufen zu erproben« [vgl. Pichler 2015].

Jenseits der Größe der jeweiligen Unternehmen besteht das übergeordnete Ziel der Digitalisierung darin, die Technik gewinnbringend anzuwenden. Verknüpft damit sind nicht zuletzt Fragen von Rechtssicherheit.

3.2 Rechtssicherheit für digitale Konzerne und Geschäftsmodelle

Damit das »Öl des 21. Jahrhunderts« auch als Schmiermittel des heutigen Kapitalismus seinen Dienst tut, müssen die Daten, die in und für die Reichtumsvermehrung anfallen, als *Privateigentum* geltend gemacht werden. Konzerne haben mit dem Widerspruch zu kämpfen, dass ihnen ihre Datensammlungen einerseits nur als Kapital nutzen, wenn sie das staatlich verbriefte Recht haben, diese als *ihre* Daten vor anderen Unternehmen sowie Datenpiraten zu schützen. *Andererseits*, und das erschwert die Sache, wollen sie das Recht auf Nutzung der Daten ja gerade nicht exklusiv für sich behalten, sondern zur Grundlage profitorientierten Handelns machen – ihre Sammlungen sollen also gerade anderen Kapitalisten zugänglich gemacht werden, aber eben gegen klingende Münze. Der Staat ist also gefragt als Instanz, die durch die Garantie des *Datenschutzes*, also des privaten Zugriffs auf Daten deren *Verallgemeinerung* im kapitalistischen Sinne erst ermöglicht. Diese Aufgabe, für Rechtssicherheit für digitale Konzerne zu sorgen, erteilt der deutsche Staat sich selbst und hat damit ein ganzes Programm definiert:

Erstens steht die Frage an, was *Daten als Eigentum* überhaupt sind: Hier tun sich Rechtsprobleme auf, weil zuständige Fachleute Daten weder eindeutig als Sacheigentum nach § 903 BGB noch als *»geistiges Eigentum«* gewertet wissen wollen [vgl. Horner 2014].

Mit der *Definition* des Eigentums ist *zweitens* festzulegen, welche Rechte Nutzern, Verbrauchern und Online-Konzernen zufallen: »In einem Wirtschaftssystem wie dem unseren, in dem sowohl das Marketing als auch das Produktangebot mehr und mehr auf die ganz individuellen Bedürfnisse des Einzelnen zugeschnitten wird, können Geschäftsmodelle, die auf intransparentem Umgang mit Daten fußen und damit das Vertrauen der Endkunden beschädigen, auf Dauer nicht erfolgreich sein. Die Zukunft von Big Data wird daher im verantwortungsvollen und nachhaltigen Umgang mit Daten liegen« [Horner 2014]. Dafür tritt der Staat also ein: Für einen »verantwortungsvollen und nachhaltigen« Umgang mit Daten im Sinne »auf Dauer erfolgreicher Geschäftsmodelle«.

Dafür müssen *drittens* allerlei Haftungsfragen geklärt werden – was bei der Frage anfängt, wer für Downloads im offenen WLAN haftet, und nicht zuletzt Kernfragen berührt wie die der Vernetzung von Maschinen über Betriebsgrenzen hinweg. Denn wenn die »Machine2Machine«-Kommunikation auch Bestellungen umfasst, stellt sich gleich wieder die Frage, inwiefern ein rechtsverbindlicher Vertrag entsteht, wenn eine Lagerhalle bei der Selbstüberprüfung feststellt, welche Produkte fehlen und diese direkt selbst einkauft. Ist bei eventuellen fehlerhaften Einkäufen durch die automatisierte Lagerhalle der Benutzer oder der Hersteller der Lagerhalle in Haftung zu nehmen? Derlei Fragen müssen geklärt werden, damit das Kapital als »scheues Reh« (Karl Marx) *Rechtssicherheit* genießt und nicht aufgrund unklarer Haftungsfragen auf diese Sorte Geschäft verzichten muss und so am Ende der Standort ins Hintertreffen geriete.

Um die Wirtschaft voranzubringen, soll also der Datenschutz »Sicherheit made in Germany« für Klarheit bei den digitalen Konzernen sorgen und zum Wettbewerbsvorteil werden. Deutschland soll, wie von der Bundesregierung wiederholt formuliert, »zum Verschlüsselungsland Nummer eins auf der Welt« werden. So sollten die rechtlichen Regelungen, seit 2018 gefasst in der »Datenschutz-Grundverordnung« (DSGVO), erweitert werden um ein Kapitel mit dem Titel »Data Governance Verordnung«. Die gibt dem Widerspruch eine Verlaufsform, dass die Daten weiterhin *privat* genutzt werden, indem sie möglichst *öffentlich* zugänglich gemacht werden – freilich im europäischen Rahmen:

»Die Weiterverwendung von Daten aus dem öffentlichen Sektor für andere kommerzielle oder nicht-kommerzielle Zwecke als den ursprünglich vorgesehenen Zweck soll gefördert werden. Werden solche Daten zur Verfügung gestellt, soll dies auf nicht-diskriminierenden Konditionen beruhen. Exklusive Verträge zur Weiterverwendung sind grundsätzlich nicht erlaubt, um einen möglichst breiten Zugang zu den Daten zu gewährleisten. Werden solche Daten herausgegeben, dürfen sie nur auf dem Gebiet der Europäischen Union verarbeitet werden«, so die auf Informationstechnologie und Digitalisierung spezialisierte Anwältin Fiona Savary in der *FAZ*. Und weiter: »Daneben sind verschiedene Maßnahmen zur Gewährleistung der Datensicherheit vorgesehen, etwa eine sichere staatliche Umgebung für die Weiterverwendung der Daten. [...] Um das Vertrauen in Intermediäre zu erhöhen, ist ein einheitlicher Rahmen für die Genehmigung solcher Datenaustauschleistungen angedacht. Datenintermediäre sind neutrale Stellen zwischen Datenquellen und Datenverwendern. Sie dürfen die Daten nur dazu verwenden, um sie Datennutzern zur Verfügung zu stellen. Zur Vereinfachung der Aufsicht über die Einhaltung der Vorgaben, wie es in der Verordnung heißt, dürfen Intermediäre nur in der EU oder im Europäischen Wirtschaftsraum angesiedelt sein. Zudem müssen sie ein hohes Sicherheitsniveau gewährleisten« [Savary in FAZ 2020b]. Per rechtlicher Bestimmung ist jedes Datenpaket also *Eigentum* und daher die Nutzung Dritter ausgeschlossen. Das allerdings bildet nur die Voraussetzung dafür, die Weiterverwendung der Daten auf *kapitalistischer* Grundlage zu ermöglichen und als Geschäftsfeld zu etablieren. So entsteht der Widerspruch, dass die Daten allgemein zugänglich gemacht werden und zugleich als *Mittel* zur privaten Bereicherung dienen.

3.3 Industrie 4.0 – Arbeit 4.0 – Sozialstaat 4.0

Die Beschäftigten sollen ihren Dienst leisten für das Wirtschaftswachstum. Damit sie das können, sieht sich die Regierung in der Pflicht: »Bei der zukünftigen Gestaltung der Rechtsbeziehungen der Erwerbstätigen zu ihren Vertragspartnern nahm und nimmt das Arbeitsrecht eine Schlüsselrolle ein. Es ist getragen von dem Kerngedanken, das Machtungleichgewicht zwischen Arbeitgebern und Arbeitnehmern auszugleichen« [alle Zitate in 3.3., sofern nicht anders hervorgehoben, aus BMAS 2019]. Erstens ein kleiner Widerspruch: zuerst von »Partnern« zu sprechen, deren Interessensgegensatz dann mit dem etwas euphemistischen »Machtungleichgewicht« doch eingestanden wird. Zweitens ein Bekenntnis dazu, dass die Bundesregierung die »Rechtsbeziehungen« zwischen Beschäftigten und Unternehmen als produktive Grundlage ihrer Gesellschaft schätzt und schützen will. Dafür wird das Arbeitsrecht jetzt aktualisiert. Drittens ist damit auch klargestellt, dass die Abhängigkeit der Beschäftigten von den Unternehmen gar nicht aufgehoben wird: Das »Machtungleichgewicht« soll vielmehr produktiv gemacht werden. Dafür sieht der Staat einiges an Handlungsbedarf. Speziell an die »Erwerbstätigen«, also an die Gewerkschaften und die von ihnen vertretenen Interessen der Lohnabhängigen richten sich die Internetseite *arbeitenviernull.de* und das *Grünbuch Arbeit 4.0* – beide verantwortet vom Bundesministerium für Arbeit und Soziales –, die jeweils das Ziel verfolgen, alle Interessen der verschiedenen Akteure auf die Industrie 4.0 zu verpflichten: »Mein Ziel ist, dass wir einen neuen sozialen Kompromiss entwickeln, der Arbeitgebern wie Arbeitnehmern nützt« [Nahles 2016]. Auch in ihrem Aufsatz »Die deutsche digitale Agenda und gute Arbeit« betont die ehemalige Arbeitsministerin (und 2022 ins Amt gekommene Vorstandsvorsitzende der Bundesagentur für Arbeit) vermeintlich gemeinsame Interessen von Staat, Unternehmen und Gewerkschaften und erklärt: »[…] wenn wir die Herausforderungen […] gemeinsam und solidarisch anpacken, dann können wir die Kraft dieses Wandels für uns nutzen, um humane Arbeitswelten im 21. Jahrhundert aktiv [zu] gestalten« [Nahles 2017: 112].

Um diesen »Ausgleich« ins Werk zu setzten, beschreibt das BMAS einen ganzen Forderungskatalog, den ein digitaler Sozialstaat zu erfüllen hat. Dem *Arbeitsrecht* soll dabei eine Schlüsselrolle zukommen beim »Ausgleich« zwischen Kapital und Arbeit: »Dazu wurden historisch die zivilrechtlichen Strukturen des Dienstvertrags überlagert und ergänzt durch Schutzmechanismen vielfältiger Art. Auch in der Zukunft einer digitalisierten Arbeitswelt wird es eine Kernaufgabe sein, diesen Schutzgedanken weiterhin wirksam zu halten.«

Das *Dienstverhältnis* der Arbeit gegenüber dem Eigentum ist mit dem »Dienstvertrag« also auch im Sozialstaat 4.0 unterstellt und soll gerade betreut und vorangebracht werden, indem es »ergänzt« wird um allerlei Bestimmungen, wie weit, wie lange und wie intensiv die Arbeit in Anspruch genommen werden darf. Diese »Schutzmechanismen« sind dabei nach der einen Seite Begrenzungen des Unternehmertums und Schranke für die Ausweitung von Arbeitszeiten. Auf der anderen Seite legt der Staat damit auch immer fest, welche Sorte Benutzung *erlaubt* ist. Wird diskutiert, die maximale Arbeitszeit pro Tag mit einer Maximalgrenze bei der Wochenarbeitszeit zu koppeln, dann hat diese *Schranke* immer auch die andere Seite: 40 Stunden Benutzung der Arbeitskraft sind dann politisch gewollt und staatlich erlaubt, was Überstunden – aufgeschrieben, also bezahlt, und nicht aufgeschrieben, also unbezahlt – keineswegs aus-, also einschließt. Der soziale Widerspruch soll also in einem »neuen sozialen Kompromiss« aufgehoben werden, der im Ergebnis bedeutet: die Digitalisierung geht einerseits auf Kosten der Beschäftigten, andererseits darf sie diese nicht zu sehr verschleißen, damit ihre Dienstbarkeit weiter gegeben ist.

Der Staat versteht sich hier als Schutzmacht der Arbeit, die ihrer Form nach dem Kapital dient, *ergänzt* diesen Dienst aber mit Regeln. Derart *begrenzt* wird sie zugleich *»rechtssicher« erlaubt* und damit verstetigt. Im Sinne dieser Dialektik geht es dem Staat auch um die *Betriebsverfassung:* »Das Angebot des Betriebsverfassungsgesetzes, Organe der kollektiven Interessenvertretung mit gesetzlichen Beteiligungsrechten in Betrieben ab fünf Arbeitnehmern zu organisieren, ist eine wesentliche Säule unserer sozialen Marktwirtschaft«. Scheinbar weiß die Politik um die Ohnmacht von Arbeitervertretungen in Unternehmen, gäbe es keine staatliche Regulierung von »Beteiligungsrechten im Betrieb«. Einmal außer Acht gelassen, inwieweit derlei Rechte erst das Ergebnis gewerkschaftlicher Auseinandersetzungen sind: Damit aus dem Verhältnis der Unterordnung gleichzeitig eines von Vertrags*partnern* wird, d.h. die Freiheit und Gleichheit in der Vertragsform gewahrt wird, dafür tritt der Sozialstaat ein und garantiert *Mitbestimmung:* »Der Kerngedanke, nämlich ein ›demokratisches Unternehmen‹ zu ermöglichen, in dem Betroffene auf Grundlage verbriefter Beteiligungsrechte ihre legitimen Interessen einbringen, die sie als individuelle und individualisierte Vertragspartner nicht wirksam vertreten können, hat auch im Zeitalter der Digitalisierung Bestand«.

Eingestandenermaßen wird der »Faktor Mensch« in der digitalen Industrie schon in der BMAS-Veröffentlichung als »Betroffener« auf den Begriff gebracht. Selbst im »demokratischen Unternehmen«, wo Beschäftigte ihre »legitimen Interessen einbringen« können, gibt es also jene, die Entscheidungen treffen, und diejenigen, die davon *betroffen* sind. Was sich hier im »Zeitalter der Digitalisierung« einmal mehr wiederholt, ist die staatliche Perspektive, dass sich die Beschäftigten an diesem Prozess *aktiv* beteiligen sollen. Das allerdings setzt voraus, dass sie ihre Interessen überhaupt artikulieren können, sie sich also in Betriebsräten und anderen Organen organisieren können und auch dürfen. Ihre praktische Abhängigkeit vom Unternehmererfolg ist allemal unterstellt, sowohl ökonomisch wie auch rechtlich. Damit sind Inhalt und Form der *demokratischen Unternehmenskultur* gesetzt: Partizipation am Unternehmenserfolg durch und mit der Belegschaft, deren Ausbeutung die Quelle des Erfolgs ist, den diese mitgestalten darf und soll.

Der Sozialstaat bekennt sich auch zum »Tarifvertragssystem« als »wesentliche Ausgestaltung dieses Rechts zur kollektiven Selbstbestimmung« und will diese entsprechend im Zeichen der Digitalisierung erneuern. Denn »die Sozialpartnerschaft« habe sich »in Deutschland auch in schwierigen Zeiten bewährt. Sie ist ein wesentlicher Standortvorteil. Dies soll auch so bleiben.« [BMAS] Demnach mögen sich die Gewerkschaften auch bei der Einführung digitaler Technik – womit real oft Arbeitsverdichtung und Kündigungen verbunden sind – konstruktiv verhalten. Einerseits keine Selbstverständlichkeit, handelt es sich doch um Angriffe auf die Arbeitsbedingungen. Andererseits verlässt sich die Politik hier ganz auf den Pragmatismus von Beschäftigten, die von Arbeitsplätzen *überhaupt* abhängig sind und entsprechende Einsicht üben sollen in deren Rentabilität für die andere Seite. So wird dann auch aus Mitbestimmung ein Standortvorteil.

Unterdessen generieren die neuen digitalen Techniken laut BMAS große Datenmengen über die Beschäftigten: »Die wesentliche Aufgabe, die wir uns stellen wollen, ist, dies kompatibel mit den Interessen der Arbeitnehmerinnen und Arbeitnehmer zu gestalten«. Darin sieht das BMAS sowohl eine Chance für die »Humanisierung der Arbeitswelt« wie auch Gefahren der Überwachung. Diese Sorte Big Data soll zum Vorteil *beider Seiten* gestaltet werden, so das BMAS mit Blick auf *Arbeitsschutz, Arbeitszeitrecht und betrieblichen Gesundheitsschutz.* Beiden Seiten gerecht werden zu wollen, zieht die nötigen Widersprüche nach sich: Mit der rechtlichen Begrenzung der Datennutzung im Arbeitsrecht wird gleichzeitig festgelegt, inwieweit die neue Art von Bespitzelung der Arbeitskräfte *legal* ist. Vergleichbar sind Regeln beim Arbeitsrecht, so zeigt sich auch beim *betrieblichen Gesundheitsschutz* – Bedingungen für PC-Arbeit, Homeoffice oder Anforderungen an Bürostühle – ein Doppelcharakter: Der Schutz der Beschäftigten ist zugleich die Festlegung darüber, wie weit die »human resources« vernutzt werden dürfen.

Mit der *Arbeitsförderung* räumt der Sozialstaat ein, dass einige Beschäftigte ihre Arbeit verlieren werden: »Neben der finanziellen Absicherung bei Arbeitslosigkeit soll die

Arbeitsförderung Arbeitslosigkeit vermeiden und abbauen, insbesondere durch eine Verbesserung der individuellen Beschäftigungsfähigkeit, sowie zu einem hohen Beschäftigungsstand und zur Verbesserung der Beschäftigtenstruktur beitragen« [BMAS 2019]. Gleich vorangestellt: Jobs werden hier niemandem versprochen. Entsprechend werden bezüglich der Arbeitslosigkeit gar nicht erst Unternehmen in die Verantwortung genommen, die ja darüber entscheiden, wie viele und welche Arbeitsplätze es gibt. Einerseits braucht es schon einiges an Fantasie, der durch Technologisierung hergestellten Reduzierung der Belegschaft dadurch begegnen zu wollen, dass ausgerechnet bei den arbeitslos *Gemachten* eine »Beschäftigungsfähigkeit« hergestellt werden soll und nicht bei den Profiteuren der Entwicklung.

Andererseits ist das kein *Fehler,* sondern zeigt deutlich die Perspektive des Sozialstaates im digitalen Zeitalter auf: Den Unternehmen sollen alle Freiheiten gelassen werden bei der Frage, welche und wie viele Beschäftigte noch benötigt werden. Damit der Pool an Arbeitslosen sich als Ansammlung lauter potenziell nicht nur arbeitswilliger, sondern auch -fähiger Arbeitskräfte präsentiert, soll bei diesen ständig die »Beschäftigungsfähigkeit« hergestellt werden.

Zuletzt nennt das BMAS die *Gesetzliche Renten- und Unfallversicherung,* womit der Sozialstaat den Schutz vor den »typischen Risiken des Lebens« eines Lohnarbeiters organisiere. Hier sieht man die zentrale »Herausforderung« darin, ob die »neuen Tätigkeitsformen« überhaupt noch sozialversicherungspflichtig sind: »Auf jeden Fall aber muss bei einer zukünftigen Wertschöpfung in der digitalen Welt auch die wirksame Implementation der Versicherungspflichten sowie die nachhaltige Finanzierung mit bedacht werden«. Der Staat selbst weiß also darum, dass es nicht nur *Gewinner* dieses

Programms gibt. Das wird schon daran deutlich, dass nicht nur von *Chancen*, sondern auch regelmäßig von *Risiken bzw. Herausforderungen* für den *sozialen Frieden* durch Industrie 4.0 zu lesen ist: »Es ist problematisch, wenn sich atypische Beschäftigungsformen verfestigen und keine dauerhaft existenzsichernden Einkommen ermöglichen. Dann müssen gegebenenfalls steuerfinanzierte Leistungen für die notwendige Existenzsicherung sorgen. Die Einführung eines allgemeinen Mindestlohns ist ein wichtiger Schritt, dem entgegenzuwirken. Weitere Herausforderungen bestehen bei der sogenannten Scheinselbständigkeit und anderen missbräuchlichen Fallgestaltungen, wie z. B. bei einigen Werkvertragskonstruktionen« [BMAS 2017: 56].

Das darin enthaltene staatliche Urteil – selbst unter flankierten ökonomischen Verhältnissen – offenbart einige Härten der schönen neuen Arbeitswelt. Von sich aus, also vom Interesse der neu digitalisierten Unternehmen her gedacht, erwartet die Politik Löhne, die nicht einmal für das reichen, was das Herrschaftspersonal selbst als »existenzsicherndes Einkommen« definieren würde. Ein klares Statement darüber, wie die Mitarbeiter der »vierten industriellen Revolution« als variables Kapital vorkommen: Die in sie investierte Summe muss sich vor dem Profit rechtfertigen.

Dort wo die Politik selbst weiß, dass die Unternehmen einen erklecklichen Teil der bisherigen Festangestellten durch »sogenannte Scheinselbstständige« oder digital versierte »Freelancer« ersetzt haben und sich so vor Lohnnebenkosten und Arbeitsrechten drücken, greift ein Mindestlohn kaum. Da man die Kreativität der Konzernleitungen aber durchaus schätzt, gilt selbst bei den »missbräuchlichen Fallgestaltungen«, also dem Rechtsbruch durch diese, einmal nicht die Regel, nun müsse man mit der »ganzen Härte des

Rechtsstaats« zuschlagen. Vielmehr handelt es sich um »weitere Herausforderungen«, mit denen ein Umgang gefunden werden muss. Am Ende müssen »gegebenenfalls steuerfinanzierte Leistungen« für die pure Existenzsicherung eines »Prekariats« herhalten.

3.4 Soziale Arbeit durch deren doppelte Digitalisierung[3]

Auch die Soziale Arbeit wird gemäß dem Zeitgeist »digitalisiert«, was erst mal heißt: Auch hier stehen »Autonomisierung, Flexibilisierung und Individualisierung« [Stüwe/Ermel 2019: 9] im Vordergrund. Und auch hier wird nach dem Vorbild der »freien Wirtschaft« versucht, die Arbeitskraft durch den Einsatz von Technik im Verhältnis zur geleisteten Arbeit billiger zu gestalten. Der Zusammenhang zwischen der gesamtgesellschaftlichen Entwicklung und der Digitalisierung der Sozialen Arbeit wird von der entsprechenden Forschung in zwei Punkten – neue Techniken für alte Felder sowie neue Felder der Sozialen Arbeit – gesehen: »Für Fachkräfte der Sozialen Arbeit stellt sich zunehmend die Frage, inwiefern der digitale Raum sich als Handlungsfeld bzw. als Teil der Lebenswelt der Adressat_innen zeigt […]. Soziale Arbeit wird wesentlich von den digitalen Entwicklungen der Gegenwart beeinflusst. Zum einen stellen sich Fragen nach der ethischen Verantwortung Sozialer Arbeit im Zuge der Digitalisierung. […] Weiter eröffnet die Online-Community neue Möglichkeiten der Selbsthilfe.« [vgl. Stüwe/Ermel 2019: 10f].

---

3 Dieses Unterkapitel ist ein Auszug aus dem Beitrag »Beratung 4.0«, erschienen am 16.11.2021 in der Tageszeitung *junge Welt*. Autor und Verlag danken der Redaktion sowie Co-Autor Christof Beckmann.

Die gesamtgesellschaftliche Entwicklung wird daher als »Rahmen« betrachtet, der die Handlungsspielräume für die Soziale Arbeit definiert, die neuen Techniken zugänglich macht und damit Möglichkeiten in bisherigen sowie neuen Feldern der Sozialen Arbeit eröffnet.

Einerseits wird die digitale Technik also als Mittel in der sozialen Arbeit eingesetzt, um »Kunden« und »Patientinnen« schneller, flexibler und damit vor allem kostengünstiger abzufertigen. Für die Sozialarbeiterinnen selbst stellt sich die Flexibilisierung ihrer Arbeit dar als die ständige Abrufbarkeit, umgekehrt »darf« der Sozialarbeiter genau dann »flexibel« früher nach Hause oder erst gar nicht zur Arbeit kommen, wenn es in den Dienst- und Personalplan passt. Für die Beschäftigten stellt sich die Flexibilisierung der Arbeit einmal mehr als genaues Gegenteil heraus: Wo das Personal flexibel eingesetzt wird, ist für dieses kein Wochenende oder Urlaubsplan mehr gültig, sondern immer unter Vorbehalt – Pausen und Freizeit haben sich nach den Unterbrechungen in der Arbeit zu richten. Derart »dynamisch« freigesetzt und zugerichtet muss das Personal dann digitale Angebote im Jobcenter einrichten und sich im neuen Feld der »ePflege« betätigen.

Andererseits bringt die Digitalisierung der anderen Lebensbereiche derartige Verwerfungen in der Ökonomie mit sich, dass von der Sozialen Arbeit noch in einem ganz anderen Sinne von »der Digitalisierung« gesprochen werden kann: Wenn die Jobcenter mit den überflüssig gemachten ehemaligen Arbeitnehmerinnen gefüllt werden und in den Betrieben der gestiegene Stress durch immer neue »Work-Life-Balance«-Workshops zur Bewältigung in die Freizeit der Beschäftigten weitergegeben wird, dann zeigt sich die andere Seite der »doppelten Digitalisierung« der Sozialen Arbeit:

Die besteht nicht darin, dass Sozialarbeiterinnen mit immer neuer Technik ihren alten Aufgaben nachgehen, sondern dass diese gleich noch eine zusätzliche Aufgabe bekommen: Die Folgen der Digitalisierung so zu gestalten, dass dabei nicht der »soziale Friede« gefährdet ist und überhaupt die Gesellschaft, wie sie ist, weiterläuft. Die zu betreuende Armut, die durch den profitorientierten Einsatz der digitalen Technik immer größer wird, steht so gleich ein Heer an Sozialarbeiterinnen gegenüber, das dieser Aufgabe dann ebenfalls digitalisiert nachkommen muss.

3.5 Die Konkurrenz nach außen…[4]

So weit das staatliche Programm der »Industrie 4.0« nach innen. Nach *außen* liegt die entscheidende Kompetenz der BRD in der digitalen Konkurrenz in der schlichten Kapitalmacht ihrer Unternehmen. Die Datenschutz-Verordnungen und rechtlichen Regelungen sowie die Infrastruktur bilden zwar die Grundlage für die Nutzung der Daten als Geschäftsfeld. Das entscheidende Mittel für den künftigen *Erfolg* in der Konkurrenz der Kapitalisten ist aber die Kapitalgröße, die das Kapital durch erfolgreich gelaufene Akkumulation errungen hat. Was es also für den Erfolg braucht, sind »deutsche Champions«. Und damit diese entstehen, müssen die Datenschutzregelungen immer *europäisch* gedacht werden – so zumindest die deutsche Perspektive, die sich mit einem Kapital, dass nur den deutschen Markt zur Ausbreitung hat, nicht zufrieden gibt. Denn nur mit einem entsprechend erweiterten europaweiten Markt können die Kapitalmassen auch zu konkurrenzfähiger Größe anwachsen, sowohl gegen

4 Die Unterkapitel 3.5. und 3.6. sind weitgehend ein Auszug aus dem Beitrag »Imperialismus 4.0«, erschienen am 16.8.2021 in der Tageszeitung *junge Welt*.

die Wettbewerber innerhalb Europas, erst recht aber für die »Big Player« im »International Business«.

Die Konkurrenz um »technologische Dominanz« war bereits 2011 bei der Ausrufung der Industrie 4.0 ein Thema. 2014 startete das EU-Forschungsförderungsprogramm »Horizont 2020«, das in seinen sechs Jahren Laufzeit die »führende Rolle der Industrie« [vgl. Bundestag 2020] durch die Finanzierung von Schlüsseltechnologien sowie Risikofinanzierung von Innovationen bei kleinen und mittelständischen Unternehmen gefördert hat [vgl. ebenda]. 2020 hat die EU-Kommission dann große Teile des 2020 verabschiedeten Wiederaufbaufonds dafür reserviert, Europas »digitale Souveränität« zu erlangen [vgl. von der Leyen 2020]. In ihrer Rede zur Lage der Europäischen Union im September kündigte Kommissionschefin Ursula von der Leyen (CDU) ein »digitales Jahrzehnt« für Europa an. Sie forderte klar definierte Ziele für ein »digitales Europa bis 2030. Um das zu erreichen, muss Europa jetzt führen oder es wird lange anderen folgen müssen, die diese Standards für uns setzen. Deswegen müssen wir schnell handeln« [ebenda]. Michael Roth, Staatsminister für Europa im Auswärtigen Amt, schreibt im Oktober 2020: »Wer bei Schlüsseltechnologien wie der Künstlichen Intelligenz global den Ton angibt, wird in der Lage sein, wirtschaftlich, politisch und auch militärisch zu dominieren. Das Rennen um die Technologie-Vorherrschaft steht im Zentrum eines neuen globalen Wettstreits« [Roth 2020].

Die widersprüchliche Digitalisierung der Europäischen Union | Ursula von der Leyen fordert in ihrer Rede besonders europäische Standards als Mittel in der Konkurrenz der Nationen ein. Sie will die ganze EU auf die gleichen Normen verpflichten. Von der Standardisierung von Ladesteckern für E-Autos bis zur Maschine-zu-Maschine-Kommunikation soll hier ein möglichst großer Markt für genormte Produkte entstehen. Denn aus der deutschen Perspektive bilden verschiedene Maschinensprachen und Normen in den verschiedenen Ländern für jedes einzelne Unternehmen eine Schranke ihrer Geschäfte. Für den Staat bedeuten sie eine Beschränkung der heimischen Unternehmen, deren Wachstumsbedingungen er fördert.

Um diesen Standard wird allerdings konkurriert, und zwar von Unternehmen, die versuchen, ihre jeweilige Sprache zur Norm auch für andere Wettbewerber zu machen. In dieser Situation ist die Durchsetzung des eigenen Standards das Mittel des Unternehmens, die Konkurrenten durch sogenannte Lock-in-Effekte vom Markt zu drängen. Dieser Effekt beschreibt, dass Nutzer bei Neuanschaffungen auf Produkte zurückgreifen, die kompatibel sind mit denjenigen, die sie bereits besitzen.

Die Auswirkungen dieser Konkurrenz sind widersprüchlich: *Einerseits* schützt ein eigener Standard das Unternehmen zwar vor den Wettbewerbern. *Andererseits* bleiben die Absatzmöglichkeiten begrenzt, wenn das eigene Produkt nicht mit allen anderen kompatibel ist. Kein Wunder also, dass Deutschland mit seinen großen exportorientierten Kapitalisten besonders auf die Vereinheitlichung der Europäischen Union bei den Standards der Digitalisierung drängt, was kleinere EU-Länder weiter auf die Rolle des reinen Abnehmers von Produkten von deutschen Unternehmen reduziert, weil deren Unternehmen mit den deutschen nicht konkurrenzfähig sind. Das ist keine Frage der Qualität, sondern der Quantität: Entscheidend in der Konkurrenz der Kapitalisten ist eben vor allem die akkumulierte Kapitalmacht der Akteure. Auch in anderen Bereichen ist das längst bekannt. Bereits das Wachstum der deutschen Fleisch- und Autoindustrie ging auf Kosten Resteuropas. Wenn Deutschland Exportweltmeister ist, geht eben nicht nur zu Lasten der US-amerikanischen und chinesischen Konkurrenz, sondern ist das auch seit Jahren ein Streitpunkt innerhalb der Europäischen Union.

Aus gutem Grund will Deutschland daher »die nationale Kleinstaaterei überwinden und den europaweiten Wildwuchs an Programmen und Strategien in einer gemeinsamen Politik bündeln« [Roth 2020]. Diese gemeinsame Politik entfaltet innerhalb der Union mit den DIN- und ISO-Normen als Standards ihre Wirkungen: Die Schaffung eines gemeinsamen europäischen Binnenmarktes hat so große europäische Kapitalisten geschaffen, dass diese konkurrenzfähig sind gegenüber den USA und China. Davon haben zwar jene Staaten erstmal nichts, deren nationale Ökonomie im Wettbewerb auf einen Absatzmarkt für deutsche Unternehmen reduziert wurde. Wo diese anderen Nationen dann aber noch auf ein eigenes Interesse bestehen, das nicht identisch ist mit dem deutschen ist, handelt es sich dann eben aus Sicht der BRD um den »Wildwuchs«, der endlich »überwunden« werden muss. Das ist nicht Selbstzweck, sondern eben Mittel für die deutsche Stellung in der Welt: Man hat Großmacht-Ambitionen, denen gegenüber »nationale Kleinstaaterei« nun wirklich ganz unpassend ist. So hat sich das politökonomische Programm der Industrie 4.0 innerhalb von zehn Jahren zum Europäischen Programm der »Digitalen Souveränität« gemausert.

Digitaler Wettkampf mit den USA und China | So wird ganz Europa zu einem riesigen, einheitlichen Absatzmarkt, auf dem sich die größten – und damit vor allem die deutschen – Unternehmen durchsetzen. Dabei soll die innereuropäische Konkurrenz nicht einfach verdrängt, sondern produktiv eingebaut werden: nur so entstehen die angestrebten »digitalen Champions«. Und trotzdem: Selbstkritisch gesteht von der Leyen in ihrer Rede ein, dass bei den personalisierten Daten »Business to Consumer« die USA vorne liegen [von der Leyen 2020]. Das soll sich selbstverständlich ändern: Die humanistische Wendung dieser imperialistischen Ambition, es dem amerikanischen und chinesischen Kapitalisten auf dem eigenen Markt möglichst schwer zu machen, während man deutsche Unternehmen in die Welt schicken will, liest sich bei Michael Roth so: »Unser Weg muss den Menschen in den Mittelpunkt stellen, auf klare ethische Prinzipien, hohe Datenschutz- und Sicherheitsstandards sowie freie Meinungsäußerung bauen und zu mehr demokratischer Teilhabe, Wohlstand und Freiheit beitragen. Damit grenzen wir uns entschieden vom Datenkapitalismus amerikanischer Tech-Giganten und dem chinesischen Modell mit Staatskontrolle und digitaler Repression ab« [Roth 2020]. Der deutsche Imperialismus mit »Human touch« grenzt sich also vom repressiven der Chinesen ab, indem er *andere* Standards zu etablieren sucht und so seine Konzerne mit »klaren ethischen Prinzipien« voranbringt – womit auch sonst?

Um es in den Worten der Präsidentin der Europäischen Kommission zu sagen: Es geht bei der globalen Konkurrenz um technologische Standards darum, wer folgt und wer führt: »Wir wollen den europäischen Weg ins Digitalzeitalter gehen – basierend auf unseren Werten, unserer Stärke und unseren globalen Ambitionen«. Mit dem dritten Platz hinter den USA und China gibt sich der Staatenbund nicht mehr zufrieden. Hinter dem offiziellen Ziel, sich technologisch gegen die beiden Konkurrenten zu behaupten, steckt der Anspruch auf weltumspannende Dominanz: »Europa darf sich beim globalen Rennen um die Tech-Vorherrschaft nicht mit einem Platz auf der Zuschauertribüne begnügen, sondern muss selbst digitale Gestaltungsmacht sein. Ansonsten droht ein Ausverkauf europäischer Selbstbestimmung« [Roth 2020].

Digitale Souveränität, so viel ist den Ausführungen aus dem Auswärtigen Amt allemal zu entnehmen, ist der Anspruch, die eigenen Tech-Giganten fremde Märkte erobern zu lassen, statt selbst erobert zu werden. Das ganze Bild von den amerikanischen und chinesischen »Schrittmachern« beim Thema Digitalisierung dient daher nur propagandistisch dazu, die eigenen digitalen Ambitionen als reine Reaktion auf äußere Bedrohungen darzustellen. An guten, vorgeschriebenen Gründen für die eigene Expansion mangelt es dabei keinem der führenden globalen Akteure, am wenigsten Deutschland.

3.6 … und ihr bewaffneter Arm: Digitalisierung und Militär

Dass die Staaten mit ihrem auswärtigen Handel, also ihrem Ex- und Import, mit ihren klimapolitischen Zielen und ihren Ansprüchen an den Weltmarkt; also mit ihren ökonomischen und politischen Ansprüchen an nähere und fernere Nachbarn gerade in diesen anderen Staaten immer auch *deren* Potenz, ihre jeweiligen Ansprüche zu realisieren, ihre Schranke finden, ist noch jedem Außenminister bewusst. Kapitalistische Staaten interessieren sich daher sehr praktisch neben der Pflege ihres »Standorts«, also ihrer ökonomischen Konkurrenz, auch um die Sicherung der ihnen nützlichen zwischenstaatlichen Konkurrenz- und Benutzungsverhältnisse. Mitten im Frieden unterhalten sie stehende Heere, beschaffen sich moderne, immer gewaltigere, und inzwischen eben auch »digitale« Waffen – selbstverständlich gegen ihresgleichen. Die anderen Staaten, ihre Partner im wirtschaftlichen Austausch, betrachten sie als Bedrohung für sich und ihre Interessen, und das reihum. Sie *wissen* – wie oft es auch öffentlich dementiert wird –, dass sie selbst füreinander die Quelle der Gefahr sind, gegen die jeder Staat sich nur zu verteidigen behauptet. Vor und unabhängig von allen bestimmten Kriegen sind sich Staaten sicher, dass sie bedroht sind. Den Aufbau ihres eigenen Vernichtungspotenzials verstehen sie als Abwehr und Reaktion darauf. So bekämpft ein jeder am anderen, was er selbst betreibt. Dass in der bis hierher in diesem Buch beschrieben Sorte gegenseitiger *Benutzung* der Staaten immer auch deren wechselseitige Schädigung enthalten ist, sorgt dafür, dass sich jeder Staat in Friedenszeiten bereits ein ansehnliches Arsenal an Kriegsmaschinen leistet – um im Zweifel die eigenen Interessen auch militärisch gegen die Konkurrenz durchzusetzen. Das verleiht seinen politökonomischen Ansprüchen vor jedem Krieg den notwendigen Nachdruck – natürlich aber nur dann, wenn das Militär entsprechende Zerstörungskraft auch wirklich entfalten kann und die Politik des jeweiligen Landes sich auch klar dazu bekennt, jederzeit militärisch überlegen zu sein und das eigene Militär auch entschlossen einzusetzen. Auch für diese Abteilung der politischen Interessen eines Staats wird die digitale Technik eingesetzt, und das nicht erst seit gestern. Sogenannte …

… Uncrewed Aerial Vehicles (UAV), wie die Drohnen im Fachjargon genannt werden, wurden bereits im Krieg gegen den Irak 1991 von den USA zur Aufklärung eingesetzt. Bewaffnete Drohnen folgten zehn Jahre später in Afghanistan mit den sogenannten Predator-Drohnen, mit denen Herrschaftspersonal der »Taliban 1.0« umgebracht wurde. Heutzutage werden die Drohnen an dutzenden Kriegsschauplätzen eingesetzt und gelten insbesondere als Mittel der Wahl, um Einzelpersonen oder kleine Gruppen von Menschen »auszuschalten«. Sie sind überall einsetzbar und »verschleißen« kein eigenes Personal, was nicht nur von den US-Streitkräften als entscheidender Vorteil gewertet wird. Ohne »Verluste« verlaufen die Operationen zwar nicht, aber eben auf der richtigen Seite: »Allein für Pakistan ließen sich 430 Drohnenangriffe belegen, bei denen zwischen 2.515 und 4.026 Personen getötet wurden, zwischen 424 und 969 davon Zivilisten, zwischen 172 und 207 davon Kinder.« [vgl. Kronauer 2021: 30]. Dass nur die wenigsten Drohnentoten überhaupt erfasst werden, versteht sich dabei von selbst.

2021 sind bewaffnete Drohnen keine Besonderheit der USA mehr, sondern werden auch von Großbritannien in Syrien und im Irak verwendet; auch Frankreich, die Türkei, Iran, die Vereinigten Arabischen Emirate, Israel und Aserbaidschan setzen Drohnen ein. Ein Angriff von UAV am 14. September 2019 gegen die saudische Ölproduktion bei Abqaiq und Khirais zu dem sich jemenitische Huthi-Rebellen bekannt haben, legt dabei offen, dass die *digitale Technik* inzwischen derart kostengünstig hergestellt werden kann, dass auch nicht-staatliche Akteure sich diese Waffe leisten können, »womöglich schon in wenigen Jahren sogar Interkontinentaldrohnen« [Kronauer 2021: 30].

Im Krieg Aserbaidschans gegen Armenien um Bergkarabach 2020 hat die deutsche Verteidigungsministerin erst einmal die neue Dimension der *staatlichen* Tötungsleistungen gewürdigt, indem sie vom »ersten echten Drohnenkrieg« der Geschichte zu berichten wusste: »Aserbaidschans Streitkräfte hatten eine gewaltige Zahl an türkischen und israelischen UAV zur Verfügung und wurden währen des Krieges von türkischen Offizieren unterstützt« [Kronauer 2021: 31]. Wenig überraschend also, dass die elektronische Kampfführung von Experten als immer wichtiger erachtet wird und Deutschland sich ebenfalls digital aufrüstet: Die israelische Heron-1-Drohne wird bereits eingesetzt, ihr bereits bestellter Nachfolger Heron TP kann dann auch mit Waffen ausgerüstet werden. Aber die digitale Kriegsführung ist nicht auf UAV begrenzt. So hat die U.S. Navy im März 2021 das erste …

… Unmanned Underwater Vehicle (UUV) erhalten. Dieses *unbemannte Unterwasservehikel* ist bei einem Durchmesser von 50 cm fast sechs Meter lang, und bringt den Drohnenkrieg auch unter Wasser. Im Kampf gegen U-Boote werden diese ergänzt um *Uncrewed Surface Vehicles* (USV), wobei mit diesen *Oberflächen-Vehikeln* u. a. Seeminen aufgespürt werden sollen. Insgesamt soll es eine ganze Fülle an teil- und vollautomatischen …

… Uncrewed Ground Vehicles (UGV) geben, auf die kein Land mit Weltgeltungsanspruch mehr verzichten will, weshalb auch die Bundeswehr 2021 verschiedene *Transportroboter* testete. Hinzu kommen verschiedene Strategische Einsatzmöglichkeiten der Miniroboter und -drohnen, die so eingesetzt werden sollen, dass »zahllose Minidrohnen dem Feind mit elektronischen Signalen suggerieren, sie seien Kampfhubschrauber; das soll feindliche Geschütze ablenken und überfordern. […] Schon jetzt nutzt die Bundeswehr Roboter, etwa das ›Manipulationsfahrzeug Teodor‹, das Sprengfallen aufspüren und unschädlich machen kann, oder das ›Aufklärungssystem Rabe‹, ein zweieinhalb Kilogramm schweres, kompaktes Minigefährt, das mit Rundumkameras ausgestattet ist und Lagebilder überträgt« [Kronauer 2021: 32]. Neben diesen Mini- gibt es auch immer die größeren Roboter: Die sind vor allem Produkt einer ...

... deutsch-französischen Kooperation | Die beiden europäischen Mächte planen gemeinsam einen Kampfpanzer der nächsten Generation. Im Einsatz sollen die teilautonomen Tötungsmaschinen dann ab Ende der 2020er Jahre sein. Die Kriegsmaschinerie am Boden soll entsprechend ergänzt werden – um jene in der Luft. Aus strategischer Sicht wird diese gerne als das »Herzstück« der militärischen Zukunft der EU bezeichnet. Hier lässt sich einiges lernen über die *politischen* Widersprüche bei der Benutzung der digitalen Technik für die geostrategischen Ziele der EU.

Von französischer Seite gibt es teilweise Unzufriedenheit mit der deutschen Politik, die sich, genau wie jene in Frankreich, vorbehält, die deutschen Waffenexporte als *politisches* Werkzeug zu betrachten: Der Bundestag nimmt sich die Hoheit darüber, manche Länder von der Liste derjenigen zu streichen, die sich – bestimmte – deutsche Waffen kaufen dürfen, um so Einfluss auf diese Staaten und deren Politik zu nehmen. Damit dieses Druckmittel auch ein entsprechendes Gewicht hat, hat sich Deutschland hier längst für eine »strategische Partnerschaft« mit dem militärisch potenteren Nachbarstaat entschieden. Allerdings hat diese Sorte Partnerschaft auch auf der anderen Seite des Rheins seine Berechnungen. Diese gleichen sich zwar einerseits sehr darin, dass man die profitablen Geschäfte wie auch die politischen Trümpfe beim Waffenhandel zu schätzen weiß. Andererseits unterscheiden sich die Auftragslisten der beiden Länder und deren Kalkulationen: Während Frankreich gerne »großzügige« Waffenlieferungen vornimmt, um andere Länder von diesen Importen abhängig zu machen, verlangt Deutschland politische Botmäßigkeit von den Staaten, *bevor* es Waffen liefert. Ob bzw. inwiefern die Hochrüstung im Zuge der »Zeitenwende« (Olaf Scholz, 2022) für eine neue Politik bei den Waffenexporten sorgen wird, bleibt abzuwarten.

Die französische Botschafterin in Deutschland, Anne-Marie Descôtes, monierte bei den Entscheidungen des Deutschen Bundestags über Waffenexporte eine »Politisierung« der Debatte, die zumindest *so* nicht in französischem Sinne sei, und verwies auf die großen wirtschaftlichen Möglichkeiten, die erschlossen werden müssten, weil »der europäische Markt für Verteidigungsgüter nicht ausreiche, um die dafür notwendige Industrie effizient zu machen und die Stückpreise für militärische Ausrüstungsgüter ausreichend zu senken« [Descôtes 2019].

Auch wenn es ein gemeinsames Interesse an Rüstungsexporten weit über den EU-Markt hinaus gebe, führe der genannten Widerspruch, so die Botschafterin weiter, dazu, dass immer mehr Rüstungskonzerne Frankreichs sich für eine »German free«-Strategie entscheiden würden, also dort, wo deutsche Komponenten verzichtbar sind, lieber selbst die Dichtungen, Kugellager und Getriebe herzustellen.

Auch hier also machen sich an der Nutzung der digitalen Technik jene Widersprüche bemerkbar, die schon zuvor das politökonomische Feld der Waffenproduktion geprägt haben. Derweil wird die militärische Infrastruktur weiter erneuert: Der Einsatz von Drohnen, Robotern und teilautonomen Panzern erfordert – neben den politischen Entscheidungen – auch einiges an *digitaler Infrastruktur* und Vernetzungsmöglichkeiten, was eine weitere *digitale Schlüs-*

seltechnik notwendig macht, die sich weit über den modernen Schlachtfeldern bewegt und mit der immer wieder der Krieg in den Sternen heraufbeschworen wird:

Satelliten. Diese sind längst Bestandteil der Kriegsführung geworden; ihr Besitz wird für die digitale Vernetzung und Steuerung heutiger Waffensysteme zum Dreh- und Angelpunkt autonomer Kriegsführung. Bereits 2007 demonstrierte China, dass es inzwischen in der Lage ist, Satelliten mit gezielten Raketenschüssen auszuschalten und in dem Bereich auch mit Russland und den USA gleichzieht. Auch Europa will in diesem »Star War« mithalten, und so gründete die Bundeswehr im September 2020 in Uedem am Niederrhein das »Air and Space Operations Centre«. Im März 2021 nahmen deutsche Soldaten am ersten Weltraummanöver Westeuropas teil, das von der französischen *Armée de l'Air et de l'Espace* organisiert wurde [vgl. Kronauer 2021: 33]. Der Krieg im All wird ergänzt um den …

… Cyberkrieg, der alle Kriegsmaschinen, die bisher vorgestellt wurden, wieder rückwärts buchstabiert: Kann die digitale Steuerung von UAV und UUV, teilautonomen Fahrzeugen, Drohnen und Robotern des Gegners so gehackt werden, dass sie von Mitteln des Feindes zu eigenen Mitteln werden? Für den Cyberkrieg rüsten sich die Staaten auf der einen Seite, um feindliche Angriffe abzuwehren, und umgekehrt, um eigene möglichst effizient durchzuführen. An Beispielen für solche Attacken mangelt es in der jüngeren Geschichte nicht, zu den bekannteren gehört der *Stuxnet-Angriff:* »Wozu *Cyberangriffe* […] fähig sind, konnte man erstmals vor rund elf Jahren sehen, als ›Stuxnet‹ öffentlich bekannt wurde, ein Computerprogramm, das – mutmaßlich von US-amerikanischen und israelischen Stellen entwickelt – mit Hilfe infizierter Siemens-Software Irans Atomanlage Natanz schwer beschädigte« [Kronauer 2021: 33].

Passend zum immer weiter steigenden *Produktivitätszuwachs* steigen also auch die Potenziale der *Destruktivkräfte* immer weiter.

3.7 Die Digitalisierung als Teil der Energiewende

Neben der praktisch zerstörerischen, aber politökonomisch schwer produktiven Rüstungsindustrie hat die staatlich flankierte kapitalistische Produktionsweise in den letzten 200 Jahren auch einen enorm destruktiven Einfluss auf die Flora und Fauna des gesamten Planeten sowie auf das Klima gehabt. Darauf wurde in den letzten Jahren reagiert, und zwar auf recht eigentümliche Art und Weise – und unter Einbeziehung »der Digitalisierung«. Die Bundesregierung hat beschlossen, dass Deutschland klimaneutral werden soll, und zwar in allen Bereichen: in der Automobil-, Stahl- und selbstverständlich in der Energiebranche, also in den heimischen Schlüsselindustrien, soll dies umgesetzt werden. Diese haben je ihre eigenen Schwierigkeiten damit, wie einmal exemplarisch an der Autoindustrie gezeigt werden soll. Basiert doch ihr Geschäftsmodell – auch für eine längere Übergangszeit – auf dem rohstoff- und energieintensiven Bau vor allem von Diesel- und Benzinvehikeln. Es waren insbesondere Start-ups wie *Streetscooter*, die in Deutschland bisher ganz auf die Elektromobilität gesetzt und damit die Nische der »nachhaltigen Mobilitätslösungen« belegt haben. Aber auch hier kommt »die Digitalisierung«, die in der Autoindustrie vor allem aus einer Elektrifizierung des Antriebsstrangs sowie einigen neuen Techniken in der Produktion besteht, genau richtig.

Kapitalentwertung für das Wachstum | Der Staat will nicht weniger als den Umbau sowohl der Produktion wie auch der Produkte der Automobilindustrie, um beide jeweils CO_2-arm und perspektivisch -neutral werden zu lassen. Das soll die Branche, die in Deutschland mehr als eine Million Arbeitskräfte beschäftigt, aus ihrem eigenen Geschäftsinteresse heraus ins Werk setzen. Und das, obwohl die Politik damit der Autoindustrie die Umstellung auf eine Technologie zur Aufgabe macht, deren Umsetzung das in die vorhandenen Produktionsanlagen investierte Kapital massenhaft entwertet. Dafür wird erstens die alte Technik als Auslaufmodell gekennzeichnet und auch so behandelt. »Herzstück des Klimaschutzprogramms«, so die Bundesregierung mit Blick auf 2030, »ist die neue CO_2-Bepreisung Verkehr und Wärme ab 2021. Die Kosten für die Zertifikate trägt dann der Brenn- und Kraftstoffhandel: Wenn Unternehmen Heizöl, Flüssiggas, Erdgas, Kohle, Benzin oder Diesel verkaufen, benötigen sie für jede Tonne CO_2, die die Stoffe im Verbrauch verursachen werden, ein Zertifikat als Verschmutzungsrecht.«

Von der Produktion der Kolben bei Mahle und Co. über die Herstellung von Transmissionsriemen im Daimlerwerk in Rumänien bis hin zum Dieselmotor selbst basiert die ganze Wertschöpfungskette des deutschen Autos bisher auf der kostengünstigen Nutzung der staatlichen wie privat betriebenen Infrastruktur zur Versorgung mit fossilem Brennstoff. Aus Sicht der Industrie sind die Folgen solcher Beschlüsse daher drastisch: Massenweise angelegtes Kapital in der Autoindustrie droht seine internationale Wettbewerbsfähigkeit zu verlieren, und das aufgrund eines *politischen* Beschlusses, wie gerade die Presseabteilungen der Konzerne nicht müde werden zu betonen.

Das verlangt seinerseits gleich wieder politische Fürsorge. Immerhin sollen die bisherigen »dreckigen« Geschäfte der Autoindustrie nicht einfach verboten werden, sondern gerade den Umstieg auf die »sauberen« Techniken mitfinanzieren. Um die Unternehmen weiter bei Laune zu halten, macht der Staat die Umstellung vom fossilen zum E-Motor mit Förderungsmaßnahmen und steuerlicher Absetzung *rentabel* und unterstützt die Digitalisierung von Produkt und Produktion.

Öffentliche Förderung – privater Profit | Gefragt ist der Staat in mehrfacher Hinsicht:

Erstens mit umfangreichen Krediten, denn bevor die nötigen Produkte und Techniken zur »*Marktreife*« weiterentwickelt werden, fließt viel Geld in Forschung und Entwicklung, derzeit besonders bei der Wasserstoffgewinnung und -nutzung sowie bei diversen »smarten« Techniken. Das dabei gewonnene Wissen soll dann der gesamten deutschen Industrie zur Verfügung gestellt werden. Wo die Entwicklung abgeschlossen ist, wird die privatwirtschaftliche *Investition* in diese Techniken von Staats wegen subventioniert, damit diese auch zur Anwendung kommen. In der Autoindustrie betrifft das aktuell besonders die Batterie- und Akkuproduktion. Daimler und Bosch hatten sich wegen des Vorsprungs asiatischer Länder aus diesem Bereich bereits vor Jahren zurückgezogen. Jetzt besteht der Staat auf einer Wertschöpfungskette »made in Europe« und bringt mit Erhöhung der Fördergelder die Unternehmen dazu, neu zu kalkulieren.

Zweitens greift der Staat als Rechtsinstanz durch: Zu denken ist hier unter anderem an das Verbot von Plastik in einigen Produkten innerhalb der EU. Einerseits umfasst das die Verteuerung der CO_2-lastigen Produktion, um die emissionsarme Fertigung attraktiver zu gestalten. Andererseits subventioniert der Staat auch direkt die neuen Techniken.

Drittens wird die bisher auf fossilen Brennstoffen basierende Infrastruktur umgebaut – im Sinne von mehr Lade- und weniger Tankstellen –, um das Elektroauto als Alternative zum Verbrennungsmotor überhaupt massentauglich zu machen. Hatte sich das Geschäft mit dem E-Auto bisher wegen fehlender Lademöglichkeiten auf deutschen Straßen nicht gelohnt, so lässt es sich nun dank staatlicher Maßnahmen in unternehmerischem Ertrag ummünzen. Grüne Technik bei schwarzen Zahlen: Das »Klimaschutzprogramm 2030« macht anschaulich, wie der Staat jene Anreize bietet, die die Unternehmen erwarten: »Der Hochlauf der Elektromobilität verändert die Anforderungen an die Verteilnetze, insbesondere, wenn Spitzen durch gleichzeitiges Laden entstehen. Deshalb wird die Bundesregierung gute Rahmenbedingungen dafür schaffen, dass die Verteilnetzbetreiber in die Intelligenz und Steuerbarkeit der Netze investieren und ihr Netz vorausschauend so ausbauen können, dass das Verteilernetz die anvisierte Zahl der E-Fahrzeuge auch qualitativ hochwertig versorgen kann«. So sollen digital gesteuerte Stromnetze die grüne Wende unterstützen.

Viertens subventioniert der Staat die E-Autos via Prämie auch direkt und sorgt so für eine *Absatzgarantie*. Hinzu kommt eine mittelbare Förderung durch die Umstellung der beträchtlichen behördlichen Fuhrparks auf E- und Hybridautos.

Konkurrenz und Kooperation mit China bei der E-Mobilität | Inwieweit sich Deutschland mittelfristig von einer US-Dominanz auf den Energiemärkten wird emanzipieren können, erscheint gegenwärtig offen, zumal infolge der Sanktionen gegen Russland. Derweil ist gerade im Rahmen einer Energiewende, die auch in der Autobranche einen Booster für die Digitalisierung bedeutet, der chinesische Markt von besonderem Interesse – vorbehaltlich verschärfter Interessensgegensätze zwischen den Staaten. Denn bei der Abkehr von fossilen Brennstoffen hin zu mehr E-Mobilität tut sich China als rasant aufstrebende Wirtschafts- bzw. Weltmacht aus deutscher Perspektive gleich doppelt hervor.

Erstens als notwendiger Partner für die Zusammenarbeit. Der chinesische Automobilmarkt ist schon lange für die deutschen Hersteller einer der ergiebigsten weltweit, und der Kurs der KP Chinas zur Unterstützung der E-Mobilität sorgt bei allen Schwankungen für hohe Absatzzahlen deutscher Hersteller, da im »Reich der Mitte« feste Prozentsätze für elektrische Autos gesetzt sind. Außerdem wehrt sich auch China gegen eine US-Dominanz und setzt auf grüne Technologien zugunsten der eigenen Unabhängigkeit.

Das macht China *zweitens* auch zu einem Konkurrenten, da es die »klimaneutrale Produktion« unter kapitalistischen Bedingungen nur im Rahmen rivalisierender Staaten und wirtschaftlicher Konkurrenz gibt, also jeweils auf Kosten anderer. Die ins Land gelassenen deutschen Autokonzerne haben nämlich ihre Bewirtschaftung des riesigen Binnenmarktes damit bezahlt, dass sie Joint Ventures mit chinesischen Unternehmen eingehen mussten, die China dazu nutzte, eine konkurrenzfähige chinesische Autoindustrie zu schaffen.

China hat nämlich die Benutzung durch deutsche Autohersteller umgedreht und für sich selbst fruchtbar gemacht. Das erst 2017 gegründete chinesische Unternehmen Aiways Automobiles Co. Ltd. mit Sitz in Schanghai exportiert inzwischen E-Autos nach Deutschland. Die Gründer des Unternehmens, Fu Qiang und Gu Feng, hatten bereits Erfahrung als Manager in der Automobilwirtschaft sammeln können, unter anderem bei dem chinesischen FAW-Konzern, an dem auch die Volkswagen AG beteiligt ist. Mitarbeiter der Firma wurden Berichten zufolge unter anderem bei Audi, BMW und Daimler abgeworben.

Dass Chinas Aufstieg zu einem zentralen Akteur in der Produktion digitaler, grüner Techniken geworden ist, gilt als weithin anerkannt. Auch die Konkurrenz mit dem neuen Rivalen um die gewinnbringende Anwendung der zukunftsträchtigen Technik ist hinlänglich bekannt. Was die Widersprüchlichkeit der Reaktionen aus Politik und Medien derweil zeigt: Wäre der Zweck der Energiesystemwende die Rettung von Klima, Flora und Fauna, müssten alle globalen Fortschritte bei der Etablierung neuer Techniken wohl eher begrüßt denn kritisiert werden. Immerhin wäre doch jede Solarzelle, jede smarte, energiesparende Technik ein Beitrag zum großen Projekt. Wenn dagegen davor gewarnt wird, dass Deutschland sich nicht von China abhängen lassen dürfe, handelt es sich beim *Inhalt* dieser Konkurrenz um Absatzmärkte und Marktmacht und damit um den tatsächlichen *Zweck* der forcierten Umstellung auf digitale, grüne Technik.

Mit Digitalisierung zu Klimazielen? | Die deutschen Ambitionen sind also nicht gering: Verbrennungsmotoren, fossile Energien und herkömmliche Industrie sollen bald der Vergangenheit angehören. E-Motor und digitale Produktionsstraßen aus regenerativen Energien sollen diese ersetzen und dabei den Standort entsprechend voranbringen. Gleichzeitig wird von linker bzw. ökologischer Seite aus immer wieder bezweifelt, dass dieses Projekt so ambitioniert sei. Die angeführten Kritikpunkte sind zahlreich und der Faktenlage nach nicht zu bezweifeln. Von der »Mogelpackung E-Auto« wird etwa gesprochen, weil etliche Studien zeigen, was die grüne Technik für Folgen für die Natur und damit auch den Menschen hat. Vom weltweiten Abbau Seltener Erden und von Metallen über die Beibehaltung des Individualverkehrs und den weiteren Ausbau von Straßen bis zur Produktion und anschließenden Entsorgung von Akkus ehemaliger E-Autos. Die Ökobilanz ist also höchst fragwürdig. Ganz abgesehen davon, dass auch der Strom aus den Ladestationen erst einmal gewonnen werden muss. Unterdessen werden die bei der Herstellung der Autos anfallenden Emissionswerte gerne jenem Land zugeschlagen, in dem produziert wird, wie etwa China, und nicht etwa jenem, das gerne auf die Gewinne seiner Unternehmen verweist – und auf die so ermöglichten Fortschritte von Klimazielen.

Der Einsatz der digitalen Techniken für diesen grünen Umbruch ist in seinen Folgen für den Planeten ebenfalls recht absehbar. Ob Streaming-Dienste, Online-Suche oder Industrie 4.0: Der gigantische Energieverbrauch in den Weiten des Internet wird oftmals ausgeblendet. Die Daten schweben nicht etwa in einer vermeintlichen *Cloud*, sondern liegen in riesigen Serverfarmen, die Unmengen an Energie für die Datenverarbeitung und für die Kühlung von Festplatten verbrauchen. Bereits 2019 machte die Zahl von weltweit rund 200 Milliarden Kilowattstunden die Runde, die allein für Streaming-Plattformen benötigt werden. Eine weitere Zahl, gemeldet 2021: Der jährliche Stromverbrauch zur Erzeugung der Kryptowährung Bitcoin betrug Schätzungen zufolge fast 127 Terrawattstunden. Zum Vergleich: Der Bruttostromverbrauch in ganz Deutschland lag 2020 bei 543,6 Terrawattstunden [mdr.de, 7.4.2021].

Wie gesagt, sind die Fakten nicht zu bezweifeln. Am Ende bleibt die Frage, ob man das ambitionierte Programm, das gerade im zunehmend sendungsbewussten Deutschland immer wieder formuliert wird, ausgerechnet daran blamieren will, dass es »zu wenig« umgestalten will. Oder anders: Ist es wirklich zielführend, die Bundesregierung am schönen Ideal der Weltrettung zu messen, um ihrem Tun dann schlechte Noten auszustellen?

4.
Arbeit im Zeitalter ihrer gesteigerten technischen Reduzierbarkeit

Dass durch die Digitalisierung eine ganze Menge Arbeit überflüssig gemacht wird, ist der öffentlichen Debatte schon seit ihrem Beginn zu entnehmen. Dass diese Reduzierung der Arbeit gerade für die Beschäftigten unter die Rubrik »Risiko« fällt, scheint dabei selbstverständlich. Und zwar deswegen, weil Arbeit in dieser Gesellschaft nicht einfach der Aufwand ist, den man betreiben muss, um nützliche Dinge herzustellen, sondern die in Unternehmerhänden befindliche Quelle für das Einkommen der allermeisten Bürger, die ihnen nur zugänglich ist, wenn sich ihre Arbeit für die Unternehmen lohnt.

Wenn die flächendeckende Aussortierung von Arbeitskräften durch die Digitalisierung allerdings als »Risiko« gefasst wird, das »wir alle« möglichst »vermeiden« sollten, dann wird das Entscheidende übersehen: Die technische Reduzierbarkeit der bezahlten Arbeit ist kein unerwünschter Nebeneffekt, sondern eben der ökonomische Zweck, für den die Technik überhaupt eingesetzt wird. Die Unternehmen drücken so ihre Kosten, indem sie sich von den Löhnen befreien, die die Existenzgrundlage ihrer bisherigen Belegschaft waren.

Wie sich das auf die Gesamtzahl der Arbeitsplätze in Deutschland auswirkt, ist umstritten. Die Positionen bewegen sich zwischen zwei Polen: Die einen rechnen – mehr oder weniger plausibel – aus, welche bisherigen Tätigkeiten in den nächsten Jahren durch Cyber-Physische Systeme übernommen werden können oder bereits übernommen wurden. Diese rechnen sie auf mit den verschiedenen Tätigkeiten, die zur Wartung, Pflege und Kontrolle dieser Techniken neu entstehen. Die so veröffentlichten Prognosen bewegen sich irgendwo zwischen einigen hunderttausend Jobs bis hin zu jedem zweiten Arbeitsplatz, der in den nächsten Jahren abgebaut würde. Die andere Prognose geht von der Erhöhung der »Wettbewerbsfähigkeit« der Arbeit in Deutschland durch die Industrie 4.0 aus und rechnet so mit mehr Export und damit mehr Arbeitsbedarf – trotz der Rationalisierungswelle. In beiden Fällen wird also von einer starken Reduzierung der Arbeitsplätze ausgegangen – nur einerseits in Deutschland und andererseits im zum Absatzmarkt für deutsche Produkte degradierten »Ausland« – mit exponentiell wachsender Arbeitslosigkeit, weil die in Deutschland produzierenden Unternehmen mit ihrer technischen Überlegenheit die Industrie im Ausland weiter verdrängt – und damit auch entsprechend Arbeitsplätze. Die beiden Pole greifen wiederum ineinander, wo deutsche Unternehmen außer Landes produzieren lassen – sei es für den dortigen Markt oder weiteren Export – und damit auf Arbeitskräfte vor Ort zurückgreifen.

Unumstritten ist daher, dass die Unternehmen ihren ökonomischen Erfolg gerade darin haben, das Verhältnis von bezahlter Arbeit zu produzierter Ware zu drücken und damit die Lohnstückkosten zu senken. Umstritten ist, ob ihnen das so gut gelingt, dass derart viele deutsche Produkte exportiert werden, dass am Ende sogar mehr Leute an neuen Maschinen in Deutschland arbeiten: »Pro Jahr fünf Prozent mehr Output bei gleicher Personalstärke oder eben gleiche Leistung mit fünf Prozent weniger Mitarbeitern« [Kollmann/Schmidt, 2016, S. 113]. So ist die Existenz als Lohnarbeiter nach beiden Seiten hin negativ bestimmt: »Wettbewerbsfähig« ist die Arbeit gerade dann, wenn sie konkurrenzlos billig ist und damit zur Sicherung der Existenzgrundlage nur bedingt taugt. Wo sie dies vermissen lässt, ist sie prekär und ständiger Prüfung durch die Unternehmen ausgesetzt, ob sie sich überhaupt noch lohnt und nicht andernorts, v. a. im Ausland, billiger zu haben ist.

So zentral diese »Rationalisierung« auch ist: Angesichts der »Arbeitswelt 4.0« stellen sich bezüglich der Arbeit im Zeitalter ihrer *gesteigerten* technischen Reduzierbarkeit noch weitere Fragen, so nach ihrer konkreten Organisation im Zeichen der Digitalisierung.

4.1 Arbeit am digitalen Dienstleistungs-Fließband

Mit der Digitalisierung macht auch die Organisation der Arbeit im »Büro 4.0« große Fortschritte. Zentral ist heutzutage die »Verwaltung« der einzelnen Aufgaben mit sogenannten Ticketsystemen. Der in ein Ticket gespeicherte Arbeitsauftrag enthält nicht nur Angaben darüber, was zu tun ist, sondern auch Informationen über den »Workflow«, also die auf verschiedene Arbeitskräfte aufgeteilte Abfolge der Teilarbeiten. So wird die Arbeitsteilung im Büro organisiert und verobjektiviert. Teilarbeiten werden einzelnen Arbeitskräften zugewiesen, von denen deshalb nur eine beschränkte Qualifikation verlangt wird.

Diese »beschränkte Qualifikation« heißt der Sache nach, dass Takt, Inhalt und Zweck der Tätigkeit maschinell vorgegeben werden. Die Beschäftigten werden so, einmal mehr, der Kontrolle unterworfen – bei weiterer Reduzierung des »Faktor Mensch«. Nach der Logik des Kapitals rechtfertigt die Reduktion der Arbeitskraft auf digitale vorgegebene Hilfsarbeiten auch die schlechtere Bezahlung. Ganz so, als würden die Konzerne jetzt lauter Arbeiter vorfinden, die weniger qualifiziert sind, werden eintöniger werdende Tätigkeiten ebenjenen auch finanziell zur Last gelegt, die sie schon körperlich und geistig auszuhalten haben.

Darüber hinaus wird anhand der bearbeiteten Tickets auch sichtbar, also nachprüfbar und überwachbar, was der Einzelne abarbeitet: »Digitale Workflows und Prozesse bestimmen den Arbeitsablauf, geben die einzelnen Arbeitsschritte oftmals minutiös vor und strukturieren die Arbeitsteilung und die Zusammenarbeit mit Kollegen entlang der Wertschöpfungskette. Der digitalisierte Arbeitsgegenstand ›fließt‹ so von Arbeitsschritt zu Arbeitsschritt wie an einem ›digitalen Fließband‹ bis zum Kunden. Der Takt wird von modernen ›Ticket-Systemen‹ vorgegeben, die den einzelnen Beschäftigten kontinuierlich mit Aufträgen versorgen« [IG Metall Nordhessen 2018]. Durch diese neuartige Subsumtion der Arbeit unter das Kapital sichert sich das Unternehmen auch die Kontrolle über kleinste bisherige Pausen im Produktions- und Verwaltungsprozess und eröffnet mit dieser erweiterten Kontrolle gleich wieder neue Möglichkeiten, die so durchstrukturierte Arbeit noch mehr zu verbilligen: Durch die Auslagerung an Standorte mit noch niedrigerem Lohnniveau und durch die digitalisierte Form des Stücklohns als …

… Crowdworking, also als Vergabe von Kleinstaufträgen an wen auch immer, zu erledigen wo auch immer, da online. Dies eignet sich etwa für Kundenanfragen, die – durch entsprechende Prozessschritte geleitet – auf zuständige Abteilungen aufgeteilt werden. Gemeint ist damit die Zerteilung von

Arbeitsprozessen in kleine und kleinste Teile – Microtasks –, welche dann über eine Internetplattform als Kleinstarbeiten an Selbstständige vergeben werden. Diese Microtasks werden am Ende von den Plattformanbietern selbst wieder zusammengesetzt und dann entweder als Produkt der Plattformfirma angeboten oder aber als Dienstleistung an einen dritten Anbieter verkauft. Es handelt sich bei den Crowdwork-Plattformen damit um eine Art Vermittlung menschlicher Arbeitskraft über eine digitale Schaltstelle – also ein modernes, digitales Outsourcing von Arbeitskraft. Damit können Sozialabgaben gespart und im Idealfall die Beschäftigten bzw. »Freelancer« nicht nur auf nationaler, sondern gleich auf internationaler Ebene gegeneinander ausgespielt werden: Crowdwork-Plattformen wie Amazons *Mechanical Turk* – benannt nach einem mechanischen Schachspieler aus dem 18. Jahrhundert, einem vermeintlichen Roboter – bieten solche »Minitasks« weltweit an. Die einzige Bedingung, um einen Auftrag anzunehmen, sind Englischkenntnisse und eine stabile Internetverbindung.

Aber nicht alle Tätigkeiten sind derart simpel zu zergliedern. Mit …

… agilen Methoden wird jedoch weiter an der Zerlegung von Arbeitsschritten gearbeitet. In Bereichen, in denen die Tätigkeiten weniger standardisiert, Entwicklungsleistungen von Ingenieuren, ITlern oder sonstigen »Kreativen« verlangt sind, also bei der besser qualifizierten Arbeiterschaft, gibt es den Trend zu einer »agilen« Arbeitsorganisation. Die Arbeitsweise geht zurück auf ein »Agiles Manifest« (»Manifesto for Agile Software Development«), 2001 von Software-Entwicklern im US-Bundesstaat Utah dargelegt. Demnach sollen selbstorganisierte Teams durch iteratives Vorgehen, also durch kontinuierliche Bearbeitung eines Produkts in zeitlichen Zyklen, für kürzere Fertigungszeiten (»time to market«) sorgen. Die einzelnen Entwicklungsprojekte werden so zergliedert, dass in ein- bis vierwöchigen (meist zweiwöchigen) Abschnitten eine fertige Bearbeitung oder zumindest ein vorzeigbarer Fortschritt erzielt wird. Das Entwicklerteam ist verpflichtet, darauf hinzuarbeiten, muss sich also seine Arbeit und Arbeitszeit entsprechend einteilen. Innerhalb des Teams werden die Aufgaben in kleine Arbeitspakete – Ziel ist eine maximale Umsetzungsdauer von einem halben Arbeitstag – zergliedert und mit einem Ticketsystem organisiert. So ist für alle Beteiligten einsehbar, was zu tun ist und was gerade getan wird. Das ermöglicht Messbarkeit der Arbeitsleistung und Ersetzbarkeit der Arbeitskräfte. Im täglichen Rhythmus verständigt sich das Team über den bisher erreichten sowie am nächsten Tag geplanten Fortschritt – und darüber, was möglicherweise wen daran hindert, bei der Erfüllung der gemeinsamen Aufgaben voranzukommen. Durch die Verobjektivierung von Arbeitsaufträgen und die Selbstverpflichtung von Teams sorgt das Unternehmen so für die Konkurrenz am Arbeitsplatz zwischen und innerhalb der Arbeitsgruppen. Bestenfalls sollen damit alle permanent und möglichst produktiv tätig sein, um die zu erreichende Messlatte immer weiter nach oben zu schieben. Dazu gehört auch die regelmäßig gestellte, gleichsam institutionalisierte Frage danach, wie »wir« noch besser werden können.

Die agilen Methoden ersetzen also dort, wo die einzelnen Aufgaben und der nötige Arbeitsumfang nur schwer messbar sind, die engmaschige Überwachung durch Vorgesetzte mittels der Übertragung von Arbeitsaufgaben an eigenverantwortliche Teams, die gleichberechtigt das erwünschte Ergebnis erzielen sollen. Wobei gerade dieser Ansatz den

Zweck der Arbeitsaufsicht, die Produktivität der Arbeit für das Unternehmen, noch besser bewerkstelligen und obendrein den »Wasserkopf« aus Overlookern einsparen und so für »flache Hierarchien« sorgen soll. Und das bei, wie gerne betont wird, »maximaler Flexibilität«.

Bei den Methoden der Arbeitsorganisation folgt eine vermeintliche Innovation der nächsten. Sie eint das Ziel der Produktivitätssteigerung, sei es an den digitalen Fließbändern oder den Werkbänken.

4.2 Industriearbeit 4.0 – Verdichtung und Stress

Da es die digitalen Techniken ermöglichen, spezifisch auf Kundenbedürfnisse einzugehen und auf Spitzen der Nachfrage flexibel zu reagieren, soll auch der Arbeiter jederzeit verfügbar sein. Die Unternehmen setzen ihr *Interesse* an gesteigerter Rentabilität mit diesen Techniken leichter durch und *wollen* dafür alles technisch Machbare tun. So erklärte der kapitalfreundliche Verband der Informations- und Telekommunikationsbranche: »Die gesetzlich vorgeschriebene elfstündige Ruhepause ist beispielsweise nicht mehr zeitgemäß und steht dem Wunsch nach flexiblen Arbeitszeiten entgegen. Auch die betriebliche Mitbestimmung muss dem digitalen Wandel der Arbeit Rechnung tragen« [vgl. Bitkom 2016]. Das Problem der ständigen Erreichbar- bzw. Verfügbarkeit via Smartphone seit längerem Gegenstand von Auseinandersetzungen, auch dank gewerkschaftlicher Proteste.

Zu jenen, die maßgeblich auf den Abbau von Arbeitsrechten drängen, gehört die Vereinigung Arbeitgeber Baden-Württemberg, die sich auch Fragen von digitaler Technik annimmt: »Digitalisierung bietet die große Chance, Arbeitsprozesse und -bedingungen zu flexibilisieren – für

Beschäftigte ebenso wie für Arbeitgeber. Um diese Chance zu nutzen und Arbeiten 4.0 zu ermöglichen, ist eine Modernisierung des Arbeitszeitgesetzes unumgänglich. Die derzeitigen Arbeitszeitregelungen sind zu starr und nicht auf eine zunehmend digitalisierte Arbeitswelt ausgelegt. Insbesondere muss im Interesse der Arbeitnehmer und der Unternehmen eine Verteilung der Arbeitszeit auf die gesamte Woche zum einen möglich gemacht und zum anderen flexibel und bedarfsgerecht geregelt werden. Das deutsche Arbeitszeitgesetz (ArbZG) nutzt den durch die EU-Arbeitszeitrichtlinie gegebenen Spielraum aktuell nicht aus. So ist nach dem ArbZG nur eine tägliche Arbeitsdauer von acht Stunden, maximal eine Verlängerung auf zehn Stunden pro Tag erlaubt, während die EU-Richtlinie keine tagesspezifischen Vorgaben macht. Nach EU-Vorgaben wird nur eine wöchentliche Höchstarbeitszeit von 48 Stunden geregelt.« Und wie schon der Verband Bitkom, so stellen auch die Arbeitgeber Baden-Württemberg die »Vorschriften der täglichen Ruhezeit von ununterbrochen 11 Stunden« in Frage. Diese passten »weder zu einem globalisierten Umfeld, in dem Arbeiten in multinationalen Teams über verschiedene Zeitzonen hinweg erforderlich ist, noch zum Wunsch der Beschäftigten, die Möglichkeiten der Digitalisierung im eigenen Sinne zu nutzen und bei der Lage der Arbeitszeit sehr viel freier mitbestimmen zu können als früher« [Arbeitgeber Baden-Württemberg 2018].

Mit Blick die Arbeitsverdichtung blieben derlei Forderungen von gewerkschaftlicher Seite nicht unbeantwortet. Unter dem Schlagwort »Mails und SMS nach Feierabend. Arbeitsschutz: Ständige Erreichbarkeit stoppen« erklärte der DGB bereits 2014 unter Bezug auf Annelie Buntenbach, damaliges DGB-Vorstandsmitglied: »Die Befragungen im Rahmen des DGB-Index Gute Arbeit hätten ergeben, dass 60 Prozent, also mehr als die Hälfte der Arbeitnehmer, auch in ihrer Freizeit erreichbar sind. Bei 33 Prozent, also ein Drittel der Beschäftigten, sei das sogar oft oder sehr oft der Fall. Die ständige Erreichbarkeit führt zu erheblichen Problemen für die Gesundheit der Arbeitnehmerinnen und Arbeitnehmer, aber auch für die Wirtschaft selbst.« Buntenbach forderte »eine Anti-Stress-Politik und klare Regeln für die Erreichbarkeit von Mitarbeitern nach Feierabend« und erklärte, dass »arbeitsbedingte psychische Erkrankungen der Hauptgrund für Erwerbsminderung« seien. [dgb.de 2014] Im gleichen Zusammenhang forderte auch die IG Metall »strengere Regeln«. Das »Recht auf Abschalten« sei »gesetzlich zu verankern«, um »der Entgrenzung der Arbeit Einhalt zu gebieten«.

Derlei widersprüchliche Lebensbedingungen betreffen die Blue- und White-Collar-Lohnabhängigen gleichermaßen, wenn auch auf unterschiedliche Art und Weise. Gerade für jene, deren Arbeitsort auch flexibel ist, haben sich im Zuge von Corona und Homeoffice Fragen von Entgrenzung von Arbeit teilweise noch einmal anders gestellt. Derweil wird das Kampffeld Digitalisierung auch auf ideologischem Terrain geführt.

5.
Zu einigen Ideologien »der Digitalisierung«

Dass »die Digitalisierung« allerlei »Chancen und Risiken« biete, ist inzwischen, und sei es als Phrase, weithin bekannt. Als eines der Risiken wird dabei gerne hervorgehoben, dass man nicht zulassen dürfe, dass die Technik von zentraler Bedeutung sei. Vielmehr müsse, so einer der »Zielkonflikte«, der »Mensch im Mittelpunkt« stehen.

5.1 Mensch gegen Technik

Die Gegenüberstellung von Mensch und Technik bereitet vielen Belegschaften Sorge. Oftmals zeigt die Erfahrung: Mit dem nächsten Roboter und der Einführung von neuer Technik wird die Arbeit nicht einfacher, sondern werden die Aufgabenbereiche größer. Ganz explizit gibt es das Anliegen, den Menschen statt der Maschine in den Mittelpunkt zu stellen auch als Programm der Gewerkschaften und in der Soziologie, wo zwischen einer »technikzentrierte[n] Entwicklung [...], die alles das macht, was technisch möglich ist, ohne die sozialen Folgen zu berücksichtigen« [Schröder/Urban 2016: 7], auf der einen Seite und einer *wünschenswerten* auf der anderen Seite unterschieden wird. Der *technikzentrierten Entwicklung* wird das Modell »humaner« Entwicklung entgegengehalten, hin zu »mehr Nachhaltigkeit«, die »die Erwerbstätigen in den Mittelpunkt stellt«.

So soll man sich auf die Seite »des Menschen« statt auf die »der Technik« stellen. Ein bemerkenswerter Widerspruch, weil die Technik *an sich* ja kein Interesse hat. Überhaupt wird *nie alles das, was technisch möglich ist gemacht*, weil technisch eben ganz *disparate* Zwecke realisierbar wären: Sowohl die Erleichterung menschlicher Arbeit wie auch deren Verdichtung, sowohl die Erhöhung als auch die Reduzierung der Arbeitszeit. Der ökonomische Zweck der kapitalistischen Nutzung der Technik wird hier zum Wesen der Technik an sich erklärt, der man *menschliche* Werte entgegenzusetzen hätte.

So findet daher die Verwandlung eines ökonomischen in einen scheinbaren Widerspruch zwischen Menschen und Maschine statt. Denn die Verdichtung der Arbeit ist keineswegs identisch mit der Vorstellung, dass »sich der Mensch weiterhin an den Roboter anpasst« [Windelband/Dworschak 2017: 82]: In der Herrschaft des Automaten drückt sich kein Verhältnis von Mensch und Maschine aus, sondern ein genuin gesellschaftliches Verhältnis, das nur als ein Verhältnis zwischen Mensch und Ding erscheint, aber eigentlich eines zwischen Mensch und Mensch ist: »Die Aneignung der lebendigen Arbeit durch die vergegenständlichte Arbeit – der verwertenden Kraft oder Tätigkeit durch den für sich seienden Werth, die im Begriff des Kapitals liegt, ist in der auf Maschinerie beruhenden Produktion als Charakter des Produktionsprozesses selbst auch seinen stofflichen Elementen und seiner stofflichen Bewegung nach gesetzt. […] Das Aufnehmen des Arbeitsprozesses als bloßes Moment des Verwertungsprozesses des Kapitals ist auch der stofflichen Seite nach gesetzt durch die Verwandlung des Arbeitsmittels in Maschinerie und der lebendigen Arbeit in bloßes lebendiges Zubehör dieser Maschinerie; als Mittel ihrer Action« [MEW 42: 593].

Die neuen digitalen Techniken sind das Mittel von Charaktermasken (Marx) des Kapitals, die damit ihre ökonomischen Interessen durchsetzen. Als solches Mittel begegnen sie den Akteuren der Arbeit als ein Subjekt, das bei diesen zu einem »Verlust von Kontroll- und Steuerungsmöglichkeiten« führt. Dabei handelt es sich allerdings um keine Eigenschaft »der Technik« selbst – diese hat sowohl die Möglichkeit, die Beschäftigen zu be- wie zu entlasten, ihre Arbeit interessanter wie stupider zu machen. Es drückt sich also nicht ein Verhältnis von Technik zu Mensch aus, sondern ein *Klassenverhältnis.*

5.2 Roboter versus Mensch

Varianten eines behaupteten Gegensatzes von Roboter und Mensch werden seit langem bemüht, sei es in Belletristik oder Film, in Wissenschaft oder Politik, und das von jedweder Couleur. Sabine Pfeiffer führt in ihrem Aufsatz im Sammelband »Marx und die Roboter« an: »Friedrich Krotz fasst den Roboter dialektisch als ›technisch hergestellte Gattung in einem ambivalenten Verhältnis zur menschlichen Gattung‹, seien diese doch ›einerseits subordinierte und andererseits gleichzeitig mit Menschen konkurrierende Akteure, insofern sie Anordnungen befolgen und Aufgaben erfüllen, aber auch Anordnungen geben und Aufgabenerfüllung verlangen‹« [Pfeiffer, in Butollo/Nuss 2019: 178]. Pfeiffer kritisiert diesen Absatz mit der treffenden Polemik, dass, es »nicht die *robot overloards* sein [werden], die zukünftig in Davos den Champagner trinken« [S. 177, Herv. im Orig.]. Es lohnt allerdings, diese Polemik noch etwas genauer auszuführen.

Es gibt im eigentlichen Sinne genauso wenig eine Zusammenarbeit zwischen Mensch und Roboter wie zwischen

Mensch und Hammer. Wenn Menschen kooperieren, dann nutzen sie die gesteigerte Produktivität ihrer gemeinsamen Tätigkeit, weil sie einen gemeinsamen Zweck verfolgen, der gemeinsam besser – oder überhaupt erst – zu verwirklichen ist. Ein Roboter allerdings kennt keine eigenen Zwecke, sondern ist reines Mittel für einen Zweck. Vielmehr sind die Roboter unter den bestehenden Produktionsverhältnissen ein Mittel der Unternehmen, um Menschen überflüssig zu machen und eben nicht selbst zu Akteuren. Oder anders: Es ist nicht der Roboter, der mit »den Menschen« konkurriert. Was die Beschäftigten zu spüren bekommen, ist der ihren Interessen *entgegengehende* Grund für den Robotereinsatz.

5.3 Der Bitcoin – eine »Verbesserung« der »Geldfunktion«?

Unabhängig von der materiellen Entwicklung von Kryptowährungen, folgte die Hackergruppe oder Einzelperson »Satoshi Nakamoto« ideologischen Motiven, als sie mit ihrer Kritik am sogenannten »Fiatgeld« ein Stück Programmcode entwickelte, mit dem zwar kaum jemand ein Bier kauft, das aber inzwischen ein beliebtes Investitionsobjekt ist. 2008, als »Satoshi Nakamoto« den Bitcoin veröffentlichte, war sein – oder ihr – Antrieb nach eigener Auskunft eine Kritik an den dem Geld, wie wir es bis heute kennen, und das nicht nur in diesen Kreisen »Fiatgeld« genannt wird. Fiat ist lateinisch und heißt in etwa: »es sei getan!« Die Theorie dahinter: das heutige Geld habe selbst keinen Wert, diene aber als Tauschmittel. Entsprechend die Problemdiagnose Satoshis: »Das Kernproblem konventioneller Währungen ist das Ausmaß an Vertrauen, das nötig ist, damit sie funktionieren«. Dieses Vertrauen sehen die Kritiker missbraucht: Von Zentralbanken, die dieses Geld entwerten, und von Banken, die mit dem Geld ihrer Anleger spekulieren und nicht zuletzt Gebühren für Überweisungen verlangen.

Bemerkenswert ist, was nicht kritisiert wird: Produktionsverhältnisse, denen das Motiv innewohnt, aus Geld mehr Geld zu machen, ja, *abstrakten Reichtum* zu produzieren; in denen also Autos, Gurken und Tische nicht hergestellt werden, weil diese jemand fahren, essen oder benutzen will, sondern als Mittel zur Anhäufung von Geld; oder der Zusammenhang von Geld und Kapital samt Ausübung der *Kommandomacht* über die lebendige Arbeit.

Ungeachtet dessen sehen die Anhänger der digitalen Kryptowährung im »Fiatgeld« die *nützlichen Funktionen* des Geldes sehr mangelhaft umgesetzt: »Notwendig ist [stattdessen] ein elektronisches Zahlsystem, das auf kryptographischen Nachweis anstelle von Vertrauen basiert und es zwei bereitwilligen Parteien ermöglicht, Transaktionen direkt untereinander durchzuführen, ohne dass eine vertrauenswürdige dritte Partei nötig wäre«. Der Bitcoin soll Funktionen *besser* ausführen: keine Entwertung, keine Kosten, keine Zahlungsunsicherheiten. Das erscheint gerade deswegen als lohnendes Unterfangen, weil vom Geld in dieser Gesellschaft alles abhängig gemacht wird. So leistet man sich den Widerspruch, etwas schaffen zu wollen, was die kapitalistische Geldwirtschaft besser funktionieren lassen soll, indem man ausgerechnet jenen Stoff, um den sich alles dreht – das Geld – zur Nebensache erklärt, die man meint, mal eben ersetzen zu können.

Diesen Widerspruch einmal genauer betrachtet: Der *Form* nach scheint der Bitcoin wie das Geld ein Akt der Definition zu sein. Noch einmal Nakamoto: »Wir definieren eine elektronische Münze [Coin] als eine Kette digitaler Signaturen. Jeder Eigentümer überträgt den Coin auf den nächsten, indem er einen Hash der vorherigen Transaktion und den öffentlichen Schlüssel des nächsten Besitzers digital signiert und dies an das Ende des Coins anfügt. Der Empfänger der Zahlung kann die Signaturen überprüfen, um die Kette der Eigentümer zu verifizieren«. Warum auch nicht, immerhin weiß man ja, dass auch der Staat für sich genommen wertlose Papierzettel zum Zahlungsmittel erklärt, also *definiert*.

Was dabei leider übersehen wird, ist der *Inhalt* der staatlichen Definition: Der Staat *verpflichtet* nämlich seine Bürger auf das Eigentum und setzt qua Rechtsordnung und Gewaltmonopol durch, dass die bedruckten Scheine bzw. das Bankkonto als Äquivalent von allen als Mittel des Zugriffs auf den privaten Reichtum akzeptiert werden – und damit dieser Reichtum *sind*. Das Geld wird mit der staatlichen Hoheit als Maß des *abstrakten Reichtums* gesetzt. Diesen *Inhalt* hat der Bitcoin gar nicht vorzuweisen, weshalb er auch kein Geld im eigentlichen Sinne ist, sondern ein Programmcode, der so gestaltet wurde, dass man ihn als einen Datensatz besonders anonym und sicher hin und her transferieren kann. Ansonsten ist die Angelegenheit weitgehend selbstreferenziell: Wer nämlich über einen Bitcoin verfügt, hat damit nichts als diesen selbst, ein Stück Informationstechnik, die man im virtuellen Tresor verwahren und von dort wieder an andere Adressen überweisen kann – sofern dort ein Interesse an einem Stück Datensatz besteht.

Wie der Bitcoin und andere »geschürfte« Kryptowährungen, so kam Anfang der 2020er Jahre ein weiterer Boom im Spekulationsgeschäft auf: die digitale Kunst, verkauft als so genannte NFTs (non-fungible tokens), ebenfalls erzeugt über »Blockchains«, ein Verfahren, auf das hier nicht näher eingegangen werden kann. Anfang 2022 sorgte etwa die Meldung für Schlagzeilen, dass das Gemälde »Der Kuss« von Gustav

Klimt, zerlegt in 10.000 NFTs zu jeweils 100 × 100 Pixel für einen Millionenbetrag versteigert wurde. Auch im Bereich Musik oder bei Videospielen sind NFTs gefragt.

Jenseits derlei spekulativen Zwecken wurden Kryptowährungen zwischenzeitlich von der Realpolitik eingeholt. Im Zeichen von US-Sanktionen wurden sie mancherorts als alternative Währung eingeführt. »Die kubanische Zentralbank hat neue Regularien für die Anbieter und die Nutzer von Kryptowährungen verfügt«, wurde im Mai 2022 gemeldet. Voraussetzung der Nutzung sei »der sozioökonomische Nutzen für die kubanische Wirtschaft.« [amerika21.de, 10.5.2022] Bereits Ende 2017 hatte auch Venezuela angekündigt, eine Kryptowährung einzuführen, vergleichbare Pläne verfolgten auch Russland, China, Nordkorea, die Türkei und der Iran. [vgl. amerika21.de, 27.4.2018]

5.4 Die Digitalisierung als Scheinsubjekt

Bei vielen Veröffentlichungen zum Thema scheint »die Digitalisierung« selbst als Subjekt verschiedenster Veränderungen aufzutreten. Lothar Schröder, bis 2019 Bundesvorstandsmitglied von ver.di, veröffentlichte 2016 das Buch »Die Digitale Treppe«, dessen Untertitel symptomatisch für eine verbreitete Sichtweise ist: »Wie die Digitalisierung unsere Arbeit verändert und wie wir damit umgehen« [Schröder 2016]. Hier wird die Digitalisierung eines Prozesses, der von irgendjemandem ins Werk gesetzt werden muss, selbst zum Subjekt, das »unsere Arbeit verändert«.

Ein weiteres Beispiel bietet das »Weißbuch Arbeiten 4.0«, in dem diese Subjektivierung zu einem personalisierten Bild verdichtet wird: »Die Digitalisierung mag zwar die heimliche Hauptfigur dieses Buches sein, die überall ihre Finger im Spiel hat und das Geschehen maßgeblich beeinflusst. Sie ist aber nicht die einzige Protagonistin« [Nahles 2017: 5]. Im Weißbuch wird die Digitalisierung vorgestellt als eigentümliche Mischung. Gesprochen wird von ihr als »Treiber und Trends« [BMAS 2016: 18], also gleich als beides: Der Prozess selbst und der Akteur, der ihn hervorbringt.

Was die Digitalisierung scheinbar verändert, kennt dabei kaum Grenzen. So ist anderswo zu lesen, dass »uns« die Digitalisierung »zwingt, Hierarchien aufzugeben« [Scheffler 2018], oder wie sie angeblich die Notwendigkeit flexibler Arbeitszeiten oder die Aufgabe von Tarifverträgen diktiert: »Arbeiten 4.0 verlangt Flexibilisierung« [Arbeitgeber Baden-Württemberg 2018]. Die Digitalisierung *schafft* nach dieser Lesart neue technische Grundlagen und neue Arbeitsweisen. So postuliert auch das Weißbuch des Bundesministeriums für Arbeit und Soziales: »Im Dialog Arbeiten 4.0 steht die Digitalisierung als derzeit wichtigster Treiber im Mittelpunkt« [BMAS 2016: 19].

In einer Zeit, in der niemand das Wort »Digitalisierung« kannte, schrieb Bertolt Brecht ein Gedicht aus der Sicht eines lesenden Arbeiters. Darin ließ er diesen die Frage stellen, wer das siebentorige Theben baute. Das lyrische Ich hegt Zweifel daran, dass es die Könige aus den Geschichtsbüchern waren, die die Felsbrocken herbeischleppten. Jener Zweifel mag einen auch beschleichen, wenn man heute die öffentliche Debatte verfolgt, die gerade skizziert wurde. Da werden durch die Digitalisierung sowohl die Produktion als auch die Produkte der Industrie »grundlegend veränder[t]«, und die Digitalisierung verlangt von der Belegschaft »höchste Flexibilität«. Der klassische Normalarbeitstag passe nicht mehr ins »Zeitalter der Digitalisierung«. Gleiches liest man auch über Tarifverträge, Betriebsräte oder gleich über Gewerkschaften insgesamt.

So wie Brecht darauf hinweisen wollte, dass die Geschichtsbücher den Blick auf die Arbeiter verstellen, zeigt sich auch hier ein handfestes Stück Ideologie: »Die Digitalisierung« selbst tut gar nichts. Wer im Besitz eines Smartphones ist, *kann* sich zwar auch von unterwegs an diversen Arbeitsprozessen beteiligen. Wenn er es auch *muss*, dann aufgrund des auferlegten ökonomischen Zwecks und Zwangs. Der Fortschritt, der hier zu bestaunen ist, ist keiner der Reduktion von notwendiger Arbeit zugunsten allerlei nützlicher Dinge. Vielmehr werden Lohnkosten bei Beschäftigten gespart, die nicht mehr gebraucht werden. Der »Fortschritt« liegt dann in der Effektivierung der Arbeit nach Kriterien der Profitmaximierung.

So wird der durch die Konkurrenz der Kapitalisten geschaffene Sachzwang zur Profitmaximierung als wirkliches Subjekt der Entwicklung mit der dafür eingesetzten Technik in eins gesetzt. Überhaupt kennt eine solche Schreib- und Sprechweise nicht mehr Treiber und Getriebene der neuesten industriellen Revolution, sondern nur noch Betroffene. Da müssen »wir« alle »neu denken« und uns auf »Neues« einstellen. Dass hier die Konzernvorstände ihre Produktion modernisieren, während ihre Belegschaft durch sie der Digitalisierung unterworfen wird, erscheint dann fast schon als nebensächlich.

Angeblich ist die Digitalisierung also für alles Mögliche verantwortlich, von schlechteren Arbeitsbedingungen bis hin zur besseren Vereinbarkeit von Beruf und Familie, von der Überflüssigmachung von Arbeitern bis zur Entstehung neuer Branchen, vom Arbeitsstress bis zur besseren Work-Life-Balance. Dabei zwingt »uns« »die Digitalisierung« weder länger zu arbeiten, noch schafft sie kürzere Arbeitstage. Die Digitalisierung macht selber gar nichts. Sie wird gemacht. Subjekt der neuen technischen Entwicklungen ist nämlich nicht eine ominöse »Digitalisierung«, die über uns alle kommt. Vielmehr sind es Unternehmen, die neue Techniken entwickeln und einsetzen, und zwar für ihre ökonomischen Zwecke – die auch strategischer Natur sein können, mitunter auch als Antwort auf Arbeitskämpfe. Dass der Staat sogenannte »Grundlagenforschung« betreibt, die von ihrer eigentlichen, kapitalistischen Anwendung unterschieden wird, ist dagegen kein Einwand.

Diese wird zwar dadurch ausgezeichnet, dass sie nicht unbedingt und unmittelbar nützlich zu sein hat, sich also nicht gleich ummünzen lassen muss in Profit. Dass sie aber gerade darin ihre Funktion für den kapitalistischen Betrieb hat, ist mit dieser negativen Kennzeichnung auch gesagt. Technik ist selbst immer Mittel und nicht Akteur, wird also auf einen Zweck hin entwickelt und angewendet. Wer verstehen will, wie sich Arbeitsprozesse dieser Tage verändern, tut also gut daran, auf die maßgeblichen Akteure, die diese neue Technik ins Werk setzen, und ihre politökonomischen Interessen zu schauen.

5.4 Geht »uns« die Arbeit aus?

Das »Ende der Arbeit« oder zumindest ihre immer weitergehende Marginalisierung vorauszusagen, hat eine längere Tradition, und das über verschiedenste politische Lager hinweg. Bereits 1849 prognostizierte der französische Romantiker, Monarchist und erklärte Gegner der Aufklärung François-René de Chateaubriand eine generelle Arbeitslosigkeit in wenigen Jahrzehnten. Der britische Ökonom John Maynard Keynes stellte 1930 dank steigender Produktivität die Drei-Tage-Woche in Aussicht. Heinrich Popitz, einer der wichtigsten bürgerlichen Soziologen der Bundesrepublik, war sich in den 1950 Jahren sicher, dass dank Automatisierung bald nur noch wenige Wochenstunden Arbeit notwendig seien. André Gorz sah als französischer Sozialist in den 1980er Jahren gar das »Ende der Arbeitsgesellschaft« gekommen.

Die heutige Debatte um die Auswirkungen digitaler Technik auf den Arbeitsmarkt befeuert wieder einmal die Frage nach dem Ende der Arbeit durch die Steigerung der Produktivität. Der britische Publizist Paul Mason sah den Kapitalismus in einem Buch von 2016 an sein Ende kommen. Aus den Reihen der SPD wird dagegengehalten: Mit der richtigen Politik gebe es auch in Zukunft genug Arbeitsplätze. Halten die Positionen einer Kritik stand?

Mason interessiert sich für die praktischen Zwecke, mit denen die Digitalisierung vorangetrieben wird, und das aus dem Blickwinkel ihrer angeblich systemsprengenden *Wirkung:* Weil für die Vervielfältigung von Daten keine Arbeit anfalle, spitze sich der Widerspruch zwischen *gesellschaftlicher* Arbeit und ihrer privaten Aneignung immer weiter zu und schließlich würde daran der Kapitalismus samt Lohnarbeit zugrunde gehen: »Postkapitalismus« hieß entsprechend auch sein Bestseller.

Der Blick auf die Wirkungen hält sich nicht lange mit den Zwecken der real existierenden Unternehmen auf. Die riesigen Kapitale wie Amazon Prime, Spotify, Netflix und Disney+ haben gar kein Problem beim Verkaufen von Film und Musik im Endlosangebot ohne lästige Bindung an materielle Träger des Mediums, wie oben dargestellt. Darüber mag so manches Kapital zugrunde gehen, was sein Geld bisher mit CDs oder anderen Anachronismen verdiente – der Kapitalismus *als System der Konkurrenz der Kapitale* eröffnet derweil eine neue Runde der Kapitalakkumulation. Es verhält sich also genau umgekehrt zu Masons Prognose: Der sah den Kapitalismus an seinem Ende, weil digitale Daten ohne

Aufwand unendlich vervielfältigbar sind. Mithilfe staatlicher Rahmenbedingungen und der technischen Koppelung von Film- und Musikkonsum an das Internet sowie einem Account bei entsprechenden Anbietern agieren Digitalkonzerne bzw. Streaming-Dienste profitabel wie nie.

Aber bleibt es nicht trotzdem richtig, dass mit immer weniger Arbeit immer mehr hergestellt werden kann? Geht dann nicht – langsam, aber sicher – die Arbeit aus? »Warum die Digitalisierung nicht das Ende der Arbeit bedeutet« [Frenzel 2019], weiß entgegen Mason der *vorwärts*, die Parteizeitung der SPD, zu vermelden und gibt »Entwarnung«: Zwar gäbe es Studien, die bis zu jeden zweiten deutschen Arbeitsplatz durch »die Digitalisierung« gefährdet sähen, aber »das ist Schwarzmalerei. Neue Technologien bringen immer auch neue Arbeit hervor«. Entsprechend das Fazit: »Es gibt kein Ende der Arbeit. Wenn wir das wollen.« Etwas unklar bleibt auch hier, wer das »wir« genau sein soll. Ungeachtet dessen erklärt Michael Frenzel, Kommunalpolitiker und bis 2013 Vorstandvorsitzender der Preussag AG bzw. der TUI AG und Gründungsmitglied des Wirtschaftsforums der SPD: »Erst wenn der Produktivitätszuwachs das Wirtschaftswachstum überholt, wird es für Arbeitsplätze gefährlich«.

Die immer weiter steigende Produktivität der Arbeitsmittel, der damit immer weiter steigende Reichtum in Warenform, der immer weniger Arbeit für seine Herstellung erfordert, *kann* also immer in eine *Bedrohung* umschlagen für diejenigen, die diesen Reichtum produzieren. Diese Gefährdung resultiert daraus, dass es die Arbeitsplätze nur gibt, wenn sie sich für die Unternehmen auch lohnen. Wenn Frenzel also mehr Wirtschafts- als Produktivitätszuwachs fordert, damit die Arbeitsplätze erhalten bleiben, so heißt das in der Konsequenz: Wenn die Reduzierung der Arbeit *pro*

Stück keine Verminderung der insgesamt geleisteten Arbeit nach sich ziehen soll, so müssen zwecks Ausweitung der Produktion letztlich neue Märkte erschlossen werden.

Hat Mason also Unrecht mit seiner These vom Ende des Kapitalismus, während die Arbeit doch ausgeht? Ein letzter Mal ein Blick zurück: Bevor der Liberalismus nur noch eine Rechtfertigung der bestehenden Verhältnisse war, fielen seinen Verfechtern durchaus interessante Widersprüche der kapitalistischen Ökonomie auf. John Stuart Mill schrieb 1848 in seinen »Prinzipien der politischen Ökonomie«, dass es fraglich ist, »ob alle bisher gemachten mechanischen Erfindungen die Tagesmühe irgendeines menschlichen Wesens erleichtert haben«. Und Marx wies im Kapital darauf hin, dass es ja »auch keineswegs der Zweck der kapitalistisch verwandten Maschinerie« sei, den Arbeitstag für den Arbeiter zu verkürzen, sondern eben jenen Teil zu verringern, den der Arbeiter für sich selbst arbeitet, um jenen zu verlängern, den sich der Kapitalist aneignet. Die Fantasie, dass es in dieser Wirtschaft also tatsächlich so weit kommen sollte, dass *niemand* mehr Arbeit hat, ist der Ignoranz gegen die Rolle der Technik im Kapitalismus geschuldet.

Denn es werden noch immer für die simpelsten Tätigkeiten Menschen statt Maschinen eingesetzt, insofern sich erstere als *billiger* denn zweitere erweisen. So hat die Erfindung der mechanischen Webstühle im 18. Jahrhundert bis heute den Beruf der Näherin in Bangladesch nicht überflüssig gemacht. Das liegt nicht etwa daran, dass deren Tätigkeit nicht seit Jahrzehnten durch moderne Technik ersetzt werden könnte. Es verdankt sich der schlichten Tatsache, dass deren Lohnstückkosten so unschlagbar *billig* sind, dass sich der Ersatz durch Maschinen bis in die 2020er Jahre nicht gelohnt hat. Und so gehen mit der profitablen Anwendung neuer Techniken im Kapitalismus stets auch neue Arbeitsverhältnisse einher, und zwar vor allem dort, wo das variable billiger als das konstante Kapital ist, sprich: die Arbeitskraft günstiger ist als es Produktionsmittel wären, die sie ersetzen würden. Deswegen irrte auch André Gorz, als er Ende der 1980er Jahre seine »Sinnfragen am Ende der Arbeitsgesellschaft« stellte. Denn die *Lohn*arbeit geht im Kapitalismus nie aus. Sie muss sich ständig gegenüber neuen, jetzt eben digitalen Techniken in ihrem entscheidenden Zweck bewähren, geldwerten Reichtum herzustellen. Als solche wird sie nicht überflüssig, sondern – vor allem ohne gewerkschaftlichen Gegendruck – immer intensiver, während die Technik die Arbeit immer produktiver macht.

Da der Lohnarbeiter auf Gedeih und Verderb an seiner Einkommensquelle klebt und der Maschinenpark weiter wächst, verbilligt sich über die steigende Konkurrenz der Lohnarbeiter um die verbleibende Arbeit auch der Lohn für diesen. So schafft es gerade die Verdrängung der Arbeit aus dem Produktionsprozess, diese gleich wieder interessant zu machen für das Kapital. Mit jeder Entlassungswelle schwillt die Reservearmee der Arbeiter an und drückt die Löhne so lange, bis sich deren Einsatz gegenüber der Anschaffung weiterer Maschinen wieder lohnt, längere Arbeitszeiten und schlechtere Arbeitsbedingungen gleich inklusive. So wird garantiert auch mit dem größten digitalen Maschinenpark weder Lohnarbeit noch Kapital »von selbst« oder durch »die Technik« oder »den Fortschritt« abgeschafft. Auch eine »Arbeitsgesellschaft« kommt nicht von alleine an ihr Ende und kein »Postkapitalismus« klopft einfach mal an die Türen der Geschichte. Wenn wir nicht als variables Kapital leben wollen, werden wir damit – über alle Tagesforderungen hinaus – schon selbst Schluss machen müssen.

Literatur

amerika21.de (27.4.2018): Dario Azzellini: Venezuela: mit Kryptowährung gegen die Krise. In: https://amerika21.de/analyse/198632/venezuela-kryptowaehrung-gegen-krise

amerika21.de (10.5.2022): Steffen Niese: Kryptowährungen auf Kuba: Neue Regeln der Zentralbank und Lizenzvergabe ab 16. Mai. In: https://amerika21.de/2022/05/257961/kuba-regelt-nutzung-von-kryptowaehrungen

Arbeitgeber Baden-Württemberg (2018): Arbeiten 4.0 verlangt Flexibilisierung. In: https://www.agv-bw.de/digitalisierung/arbeit-4-0

Bardt, H. (2016): Deutsche Autoindustrie und autonomes Fahren, in: Wirtschaftsdienst 10/2016

Basic, R. (2016): Modulare Montage bei Audi. In: https://blog.audi.de/modulare-montage-bei-audi/

Bauernhansl, T. / Hompel, M. ten / Vogel-Heuser, B. (2014): Vorwort. In: Bauernhansl, T. / Hompel, M. ten / Vogel-Heuser, B., Industrie 4.0 in Produktion, Automatisierung und Logistik. Anwendung Technologien Migration. Wiesbaden: Springer Vieweg. S. V-VI

BDI (2015): *BDI.eu.* Von Arbeitswelt 4.0 – Chancen oder Risiken: https://bdi.eu/artikel/news/arbeitswelt-40-chancen-oder-risiken/

BDI (2016): Digitalisierung erhöht Handlungsbedarf bei der Rohstoffsicherung. In: https://bdi.eu/artikel/news/digitalisierung-erhoeht-handlungsbedarf-bei-der-rohstoffsicherung/

BDI (2018): Die digitale Transformation der Industrie. Was sie bedeutet. Wer gewinnt. Was jetzt zu tun ist. In: https://bdi.eu/media/user_upload/Digitale_Transformation.pdf

Bitkom (2016): Arbeit 4.0: Flexibel, selbstbestimmt und effizient. In: https://www.bitkom.org/Presse/Presseinformation/Arbeit-40-Flexibel-selbstbestimmt-und-effizient.html

Bischoff, J. / Radke, B. / Troost, A. (2015): Industrie der Zukunft? Wertschöpfung zwischen De-Industrialisierung und vierter industrieller Revolution. Supplement der Zeitschrift Sozialismus 6/2015. VSA

BMAS (2017): Weissbuch Arbeiten 4.0. Berlin: Publikationsversand der Bundesregierung

BMAS (2019): Die Institutionen des Sozialstaats in der Arbeitswelt 4.0. In: https://www.arbeitenviernull.de/dialogprozess/gruenbuch/zukunft-des-sozialstaats.html

BMBF (2013): Umsetzungsempfehlung für das Zukunftsprojekt Industrie 4.0. Abschlussbericht des Arbeitskreises Industrie 4.0

Bsirske, F. (2016): Digitalisierung und Beschäftigung: Prognosen und Perspektiven. In: Gute Arbeit. Ausgabe 2016. Frankfurt am Main: BUND Verlag, S. 61-72

Bundesministerium für Wirtschaft und Energie (2016): Hintergrund zur Plattform Industrie 4.0. Von Plattform Industrie 4.0: http://www.plattform-i40.de/I40/Navigation/DE/Plattform/Plattform-Industrie-40/plattform-industrie-40.html;jsessionid=4E30A90B6E203C13484F9A4B009924A3

Buntenbach, A. (2016): Gute Arbeit in der digitalisierten Welt. In: L. Schröder / H.-J. Urban, Gute Arbeit. Ausgabe 2016: Digitale Arbeitswelt – Trends und Anforderungen. Sonderausgabe nur für Mitglieder von ver.di Vereinte Dienstleistungsgewerkschaft (S. 267-278). Frankfurt am Main: BUND Verlag, S. 86-98

Butollo, F. / Nuss, S. (Hrsg.) (2019): Marx und die Roboter. Vernetzte Produktion, Künstliche Intelligenz und lebendige Arbeit. Berlin: Karl Dietz

Buxmann, P. / Diefenbach, H. / Hess, T. (2015): Die Softwareindustrie. Ökonomische Prinzipien, Strategien, Perspektiven. In: Berlin Heidelberg: Springer Verlag

Daum, T. (2020): Agiler Kapitalismus. Das Leben als Projekt. Hamburg: Edition Nautilus

Descôtes, A. (2019): Vom »German-free« zum gegenseitigen Vertrauen. In: https://www.baks.bund.de/de/arbeitspapiere/2019/vom-german-free-zum-gegenseitigen-vertrauen

DGB (2014): Mails und SMS nach Feierabend: Arbeitsschutz: Ständige Erreichbarkeit stoppen. Online abrufbar unter: https://www.dgb.de/themen/++co++abf4ab68-9a2b-11e3-9d93-52540023ef1a

DGB (2016): Digitale Arbeit. Arbeitshetze und Arbeitsintensivierung bei digitaler Arbeit. Online abrufbar unter: https://index-gute-arbeit.dgb.de/veroeffentlichungen/sonderauswertungen/++co++70aa62ec-2b31-11e7-83c1-525400e5a74a

DGE (2014): Industrie 4.0 – Welche Herausforderungen auf Sie zukommen. In: http://www.dge-einkauf.de/aktuelles/details_1563_3_18617.html

DIN (2011): 1 x 1 der Normung. Ein praxisorientierter Leitfaden für KMU. In: https://www.din.de/blob/69886/5bd30d4f89c483b829994f52f57d8ac2/kleines-1x1-der-normung-neu-data.pdf

Fasse, M. / Kerkmann, C. (2021): Catena-X: VW tritt deutscher Auto-Cloud bei. In: https://www.handelsblatt.com/unternehmen/industrie/autoindustrie-catena-x-vw-tritt-deutscher-auto-cloud-bei/27129464.html?ticket=ST-378907-Q4icUOwek3yCeTfHyeUt-ap4

FAZ (2020a): Marx, U.: Wie der 3-D-Druck in die industrielle Fertigung einzog. In: https://www.faz.net/aktuell/wirtschaft/digitec/rueckblick-auf-die-2010er-jahre-wie-der-3-d-druck-in-die-industrielle-fertigung-einzog-16561104.html?premium

FAZ (2020b): Savary, F.: Eine europäische Alternative zu den großen Datenplattformen? In: https://www.faz.net/einspruch/exklusiv/europaeische-alternative-zu-den-grossen-datenplattformen-17103458.html?premium

FAZ (2021): Buxmann, P.: Die Standard-Algorithmen kommen. In: https://www.faz.net/aktuell/wirtschaft/digitec/ki-in-der-naechsten-phase-die-standard-algorithmen-kommen-17232172.html?premium

FAZ (2021a): Baltzer, S. im Gespräch mit Siemiatkowski: »Die fetten Jahre für die Banken sind vorbei« In: https://www.faz.net/aktuell/finanzen/wie-das-fintech-unternehmen-klarna-banken-konkurrenz-macht-17141191.html?premium

FAZ (2021b): Fischer, B:: Spotify zählt jetzt 155 Millionen Abonnenten. In: https://www.faz.net/aktuell/wirtschaft/digitec/musik-streaming-spotify-zaehlt-jetzt-155-millionen-abonnenten-17179351.html

Fraunhofer (2018): Offene Standards für die Industrie 4.0 – Tools und Angebote rund um AutomationML und OPC UA. In: https://www.iosb.fraunhofer.de/servlet/is/46940/AutomationML_de.pdf?command=downloadContent&filename=AutomationML_de.pdf

Frenzel, M. (2019): Warum die Digitalisierung nicht das Ende der Arbeit bedeutet. In: https://www.vorwaerts.de/artikel/digitalisierung-ende-arbeit-bedeutet

Gabriel, S. (2016): Ich will TTIP nicht um jeden Preis – Interview im Handelsblatt. In: https://sigmar-gabriel.de/ich-will-ttip-nicht-um-jeden-preis-interview-im-handelsblatt/

Gegenstandpunkt (2016): »Industrie 4.0«. Ein großer Fortschritt in der »Vernetzung« und in der Konkurrenz um die Frage, wem er gehört. Gegenstandpunkt 2/2016 München: Gegenstandpunkt Verlag

Gegenstandpunkt (2019): Die Digitalisierung des Kapitalkreislaufs. Zu einigen neueren Fortschritten in der Konkurrenz der Kapitalisten. Gegenstandpunkt 3/2019 München: Gegenstandpunkt Verlag

Gegenstandpunkt (2021): »Klimaschutzprogramm 2030«, Klimaschutzgesetz, nationale Wasserstoffstrategie. Deutschlands Energieimperialismus wird klimaneutral. München: Gegenstandpunkt

Handelsblatt (2016): Bosch für gemeinsame Standards in den USA und Europa. In: https://www.handelsblatt.com/unternehmen/industrie/industrie-4-0-bosch-fuer-gemeinsame-standards-in-den-usa-und-europa/13456804.html?ticket=ST-4490166-bZDhBexWheeTYYUdqbLF-ap4

Hanraths, T. (2017): Produktion ohne Jobs. In: https://www.pressreader.com/germany/schwaebische-zeitung-friedrichshafen/20170223/281809988666362

Hirsch-Kreinsen, H. (2015): Einleitung: Digitalisierung industrieller Arbeit. In: Hirsch-Kreinsen, H. / Ittermann, P. / Niehaus, J. (Hg.), Digitalisierung industrieller Arbeit. Die Vision Industrie 4.0 und ihre sozialen Herausforderungen. Baden-Baden: Nomos-Verlag, S. 9-32

Hirsch-Kreinsen, H. (2015): Digitalisierung industrieller Arbeit. Die Vision Industrie 4.0 und ihre sozialen Herausforderungen. Baden-Baden: Nomos-Verlag

Hofmann, J. / Kurz, C. (2016): Industrie 4.0 – Industriearbeit der Zukunft im digitalen Wandel. In: Gute Arbeit. Ausgabe 2016. Frankfurt am Main: BUND Verlag, S. 73-85

Horner, S: (2014): Sell Your Data, Datability und »The Exonomics of Data«: Gibt es Eigentum an Daten? In: https://www.cmshs-bloggt.de/digital-business/sell-your-data-datability-und-the-economics-of-data-gibt-es-eigentum-an-daten/

Huber, W. (2016): Industrie 4.0 in der Automobilproduktion. Ein Praxisbuch. Wiesbaden: Springer Vieweg

Hübner, I. (2015): Referenzarchitekturmodell Industrie 4.0 (RAMI 4.0). In: Manzei, C. / Schleipner, L. / Heinze, R. (2015), Industrie 4.0 im internationalen Kontext. Berlin: Beuth, S. 72-76

IG Metall (2014): Wo bleibt der Mensch? In: https://www.igmetall.de/politik-und-gesellschaft/zukunft-der-arbeit/industrie-40/wo-bleibt-der-mensch

IG Metall Nordhessen (2018): Vom digitalen Fließband bis zur agilen Projektarbeit. In: https://www.igmetall-nordhessen.de/aktuelles/meldung/vom-digitalen-fliessband-bis-zur-agilen-projektarbeit

Ittermann, P. / Niehaus, J. (2015): Industrie 4.0 und Wandel von Industriearbeit. Überblick über Forschungsstand und Trendbestimmungen. In: Hirsch-Kreinsen, H. / Ittermann, P. / Niehaus, J., *Digitalisierung industrieller Arbeit. Die Vision Industrie 4.0 und ihre sozialen Herausforderungen* (S. 33-51). Baden-Baden: Nomos-Verlag.

Kaufmann, S. (2016): Digitalisierung, Klassenkampf, Revolution. Fortschritt oder alles wie gehabt? Ökonomische und soziale Effekte technischer Innovation. In: https://www.rosalux.de/publikation/id/14395/digitalisierung-klassenkampf-revolution/

Kirazli, A. (2017): Beitrag zur Analyse der Nutzenpotentiale von Industrie 4.0 in der Automobilindustrie – am Beispiel des Supply Chain Risikomanagements. Praxiswissen Service Verlag

Kollmann, T. / Schmidt, H. (2016): Deutschland 4.0. Wie die Digitale Transformation gelingt. Wiesbaden: Springer Gabler

Koprek, M. (2018): 9 Beispiele für RFID-Anwendungen. In: https://rfid-sicherheit.com/1059-9-beispiele-fuer-rfid-anwendungen.html

Kraft, G. (2015): Product Lifecycle Management – Vom Bauchgefühl zur Simulation von Entscheidungen. In: Manzei, C. / Schleipner, L. / Heinze, R. (2015), Industrie 4.0 im internationalen Kontext. Berlin: Beuth, S. 45-49

Kronauer, J. (2021): Der High-Tech-Krieg. In: konkret 5/2021

Merkel, A. (2015a): Rede von Bundeskanzlerin Merkel anl. des Jahrestreffens 2015 des World Economic Forum am 22. Januar 2015. In: https://m.bundeskanzlerin.de/bkinm-de/aktuelles/rede-von-bundeskanzlerin-merkel-anl-des-jahrestreffens-2015-des-world-economic-forum-am-22-januar-2015-604648

Merkel, A. (2015b): Rede von Bundeskanzlerin Dr. Angela Merkel auf dem Kongress »Wirtschaft 4.0 – Chancen für Deutschland« der CDU/CSU-Bundestagsfraktion am 4. November 2015 in Berlin: Bulletin 140-1. In: https://www.bundesregierung.de/breg-de/service/bulletin/rede-von-bundeskanzlerin-dr-angela-merkel-804868

Merkel, A. (2020): Interview der Bundeskanzlerin mit der »Financial Times«. In: https://www.bundesregierung.de/breg-de/bundeskanzlerin/interview-merkel-ft-1712722

Merkel, A. (2021): Rede von Bundeskanzlerin Merkel anlässlich der Inbetriebnahme des Quantencomputers bei IBM in Ehningen am 15. Juni 2021 (Videokonferenz). In: https://www.bundeskanzlerin.de/bkin-de/aktuelles/rede-von-bundeskanzlerin-merkel-anlaesslich-der-inbetriebnahme-des-quantencomputers-bei-ibm-in-ehningen-am-15-juni-2021-videokonferenz--1929350

Microsoft (2018): In: Volkswagen and Microsoft partner to give drivers a connected, seamless ride. In: https://news.microsoft.com/transform/volkswagen-and-microsoft-partner-to-give-drivers-a-connected-seamless-ride/

Nahles, A. (2016): Die deutsche digitale Agenda und gute Arbeit. In: Schröder, L. / Urban, H.-J., Gute Arbeit. Ausgabe 2016: Digitale Arbeitswelt – Trends und Anforderungen. Sonderausgabe nur für Mitglieder von ver.di (S. 106-112). Frankfurt am Main: BUND Verlag

Nahles, A. (2017): Vorwort. In: Weissbuch Arbeiten 4.0. Berlin: Bundesministerium für Arbeit und Soziales

Noll, E. (2017): Der Innovationsprozess in der digitalen Welt: Eine Fallstudienbetrachtung am Beispiel der Automobilindustrie. Wi-Ku-Verlag

Pichler, R. (2015): Deutschland soll bei Digitalisierung aufholen, Stuttgarter Zeitung, 19.11.2015. In: https://www.stuttgarter-zeitung.de/inhalt.it-gipfel-in-berlin-deutschland-soll-bei-digitalisierung-aufholen.1a80aa78-26fa-4e80-af4e-e2a62ee91f26.html

Plattform Industrie 4.0 (2017): Pressemitteilung. In: https://www.plattform-i40.de/PI40/Navigation/DE/Meta/Aktuelles/aktuelles.html?cms_gtp=1093476_list%253D4

Plattform Industrie 4.0 (2018): Normen & Standards. In: https://www.plattform-i40.de/I40/Navigation/DE/Industrie40/Handlungsfelder/NormenStandards/normen-und-standards.html

PR RFID (2018): Fraunhofer IFAM bringt Gießereien mit RFID in die Industrie 4.0. In: https://www.rfid-im-blick.de/de/201708174064/rfid-bringt-giessereien-in-die-industrie-4-0.html

Rosemann, M. (2015): Connected Logistics – Optimierung der Wertschöpfungskette. In: Manzei, C. / Schleipner, L / Heinze, R. (2015), Industrie 4.0 im internationalen Kontext. Berlin: Beuth, S. 54-59

Roth, M. (2020): Europa muss digitale Macht sein. In: https://www.auswaertiges-amt.de/de/newsroom/roth-faz/2402136

Schadt, P. (2021): Die Digitalisierung der deutschen Autoindustrie. Kooperation und Konkurrenz in einer Schlüsselbranche. Köln: PapyRossa Verlag

Scheffler, F. (2018): Das agile Beratungsunternehmen: Wie uns die Digitalisierung zwing Hierarchien aufzugeben. In: http://www.dibuco.de/das-agile-beratungsunternehmen-wie-uns-die-digitalisierung-zwingt-hierarchien-aufzugeben/

Schulz, R. (2022): Lieferketten unter Druck: Hamstern in der Produktion? In: https://www.experten.de/2022/03/lieferketten-unter-druck-hamstern-in-der-produktion/

Schröder, L. (2016): Die Digitale Treppe. Wie die Digitalisierung unsere Arbeit verändert und wie wir damit umgehen. Frankfurt am Main: BUND Verlag

Schröder, L. / Urban, H-J. (2016): Vorwort. In: Schröder, L. / Urban, H.-J., Gute Arbeit. Ausgabe 2016: Digitale Arbeitswelt – Trends und Anforderungen. Sonderausgabe nur für Mitglieder von ver.di Vereinte Dienstleistungsgewerkschaft (S. 267-278). Frankfurt am Main: BUND Verlag, S. 5-8

Schröter, W. (2018): Es geht um die »Demokratisierung des Back-Ends« In: http://www.blog-zukunft-der-arbeit.de/es-geht-um-die-demokratisierung-des-back-ends/

Schwab, K. (2016): Die Vierte Industrielle Revolution. Berlin: Pantheon

Strohschneider, T. (2019): Vergesst die Digitalisierung. Über einen Begriff, der falsche Verhältnisse gegen Veränderung verteidigt. In: OXI. Wirtschaft anders Denken 1/19, S. 1

Urban, H. (2016): Arbeiten in der Wirtschaft 4.0. Über kapitalistische Rationalisierung und digitale Humanisierung. In: Schröder, L. / Urban, H.-J. (2016), Gute Arbeit. Ausgabe 2016. Digitale Arbeitswelt – Trends und Anforderungen, S. 21-45

VDI (2013): Cyber-Physical Systems: Chancen und Nutzen aus Sicht der Automation. In: https://www.vdi.de/uploads/media/Stellungnahme_Cyber-Physical_Systems.pdf

Wallentowitz, H. / Freialdenhoven, A. / Olschewski, I. (2009): Strategien in der Automobilindustrie. Technologietrends und Marktentwicklungen. Wiesbaden: Vieweg + Teubner

Wentzke, T. (2007): **Das Geld**. München: Gegenstandpunkt

Windelband, L. / Dworschak, B. (2017): Arbeit und Kompetenzen in der Industrie 4.0. Anwendungsszenarien Instandhaltung und Leichtbaurobotik. In: Hirsch-Kreinsen, H. / Ittermann, P. / Niehaus, J. (2017), Digitalisierung industrieller Arbeit. Die Vision Industrie 4.0 und ihre sozialen Herausforderungen. 2., aktualisierte und erweiterte Auflage. Baden-Baden: Nomos-Verlag, S. 63-80

Wirth, M. / Möhl, W. (2014): Arbeit und Reichtum. München: Gegenstandpunkt

Peter Schadt

Die Digitalisierung der deutschen Autoindustrie

Kooperation und Konkurrenz in einer Schlüsselbranche

Hochschulschrift 107
381 Seiten; € 32,- [D]
ISBN 978-3-89438-745-7

Die Digitalisierung biete Chancen und Risiken, gerade in der Autoindustrie stärke sie die Wettbewerbsfähigkeit – in Reaktion auf die Sachzwänge des Weltmarkts. In dieser Sichtweise erscheint die neue Technologie als Subjekt, angetreten zur Innovation ganzer Branchen. Dagegen fragt Peter Schadt, wer sie zu welchem Zweck ins Werk setzt. Indem er handelnde Akteure benennt, lässt sich die Digitalisierung als Mittel zur Durchsetzung von Interessen begreifen. Und das mit weitreichenden Folgen für die Arbeitsbedingungen bei VW, BMW und Co. Zugleich geht er gewerkschaftlichen Handlungsspielräumen im Rahmen der Industrie 4.0 nach. So lassen sich auf mehreren Ebenen Veränderungen von ›Kooperation und Konkurrenz‹ in den Blick nehmen: Zwischen Kapitaleignern und Beschäftigten, zwischen verschiedenen Unternehmen sowie zwischen Lohnabhängigen. Der Band schließt mit einem Ausblick auf die Konkurrenz nach außen: die Rivalität der deutschen Autoindustrie mit dem US-amerikanischen Pendant zur Industrie 4.0, dem »Industrial Internet«, und dem Programm »China 2025«.

Stefan Kühner

Der digitale Wettlauf

USA, EU, China und die übrige Welt

Paperback
167 Seiten; € 14,90 [D]
ISBN 978-3-89438-768-6

»Wer bei Schlüsseltechnologien wie der Künstlichen Intelligenz global den Ton angibt, wird in der Lage sein, wirtschaftlich, politisch und auch militärisch zu dominieren«, so eine Stimme aus dem Auswärtigen Amt. Die USA, die EU und China treiben die Digitalisierungstechniken massiv voran. Sie stecken Milliarden an Forschungsgeldern in die Entwicklung Künstlicher Intelligenz. Länder wie Indien, Russland, Japan oder Vietnam und Indonesien versuchen aufzuholen. Die allermeisten haben weder die Finanzmittel noch die Fachkräfte, um an diesem Wettlauf teilzunehmen. Während die Vereinigten Staaten und die Europäische Union das Ziel verfolgen, China wirtschaftlich und militärisch auf Distanz zu halten, sieht China seinerseits als Hauptaufgabe der technologischen Entwicklung die Schaffung eines »bescheidenen Wohlstandes« für seine Bevölkerung. Bietet es mit der Digitalen Seidenstraße zugleich auch einen Ausweg, der Abhängigkeit von westlichen Konzernen zu entkommen?